Farben sehen erleben verstehen

Ueli Seiler-Hugova

Farben
sehen erleben verstehen

AT Verlag

Dieses Buch widme ich in Dankbarkeit Kamila, Julian, Manuel und Alma

Erweiterte Neuauflage, 2007

© 2002
AT Verlag, Aarau, Schweiz
Illustrationen: Pavel Seleši, Prag
Satz und Gestaltung: AT Verlag, Aarau
Lithos: AZ Grafische Betriebe, Aarau
Druck und Bindearbeiten: Firmengruppe APPL, aprinta Druck, Wemding
Printed in Germany

ISBN 978-3-03800-366-3

www.at-verlag.ch

Inhaltsverzeichnis

7 Vorwort

9 Die Welt der Farben erleben
9 Regenbogen
9 Regenbogen am Himmel beobachten
10 Regenbogeninstrumente
11 Regenbogen fotografieren
13 Regenbogen malen und zeichnen
16 Farbige Schatten
16 Experimente mit farbigen Schatten
18 Additionen
20 Farbiges Schattentheater
21 Nachbildfarben
21 Die Wiedergeburt des Phönix
23 Seifenblasen
23 Seifenblasenlösung aus dem Warenhaus
25 Experimente und Beobachtungen an Seifenblasen

27 Dunkelheit und Licht
27 Dunkelheit
27 Licht
27 Der Weg aus der Dunkelheit ins Licht
30 Goethes Farbenlehre
33 Manachäische Kosmogonie
33 Die sieben Metamorphosen der Erde
35 Speer und Schale

36 Aufgehellte Dunkelheit – abgedunkelte Helligkeit
36 Violett – Blau – Weiss
38 Gelb – Orangerot – Schwarz
42 Lichtstrahl durch trübes Wasser
44 Farbenkreis durch Dunkelheit und Licht als Prozess
44 Farbenweg als Weg durch die Krise der Dunkelheit

46 Farbige Ränder
46 Farbprismen
50 Violett – Blau – Weiss
51 Gelb – Orangerot – Schwarz

52 Grün
52 Entstehung des Grüns
53 Der Regenbogen
56 Regenbogeninstrument
57 Das Auge oder die subjektive Objektivität des Regenbogens
60 Das Pflanzengrün
61 Grün als Urbild der Versöhnung
62 Das elektromagnetische Spektrum
62 Wärme und Licht

64 Purpur
64 Die Entstehung des Purpurs
67 Purpur als Königin der Farben

68 **Farbenkreis**
68 Der Goethe-Farbenkreis
70 Glanz- und Bildfarben
71 Glanz- und Bildfarben nach Rudolf Steiner
72 Der Farbenkreis nach Harald Küppers
75 Caran-d'Ache-Farben
75 Ein Farbenkreis mit Naturmaterialien

76 **Die drei Urfarben**

78 **Die reinen Farben**
78 Purpur, Gelb, Cyanblau und Weiss
80 Die Entstehung von Purpur, Gelb, Cyanblau
und Weiss durch Addition
80 Neutralisierung durch Addition von polaren
Farben
81 Die Entstehung der reinen Farben durch Addition

84 **Die zusammengesetzten Farben**
84 Entstehung der Brauntöne

88 **Sukzessiv- und Simultankontraste**
88 Sukzessivkontraste
91 Komplementärskalen
93 Simultankontraste
96 Vincent van Gogh als Magier der Licht-
und Dunkelheitsfarben
101 Purpur und Grün als Wegweiser einer
neuen Ethik

103 **Farbenergien, Visualisierung, Chakren**
103 Die Farben und die Chakren
104 Tagesmeditation
105 Farbheilungen mit Marko Pogačnik
105 Die Kraft der Farben
107 Farberleben-Meditation

108 **Die Farbenorganons**
108 Die sieben Planetenfarben
113 Die zwölf Tierkreisfarben
113 Farben – Tierkreiszeichen – Sinne

119 **Farbmythologeme**
120 Gelb
120 Rot (Orangerot)
122 Schwarz
125 Violett
125 Blau (Cyan)
128 Weiss
128 Grün
129 Purpur
132 Erdfarben (Braun)

134 Literatur
135 Bildnachweis
135 Bezugsquellen
135 Zum Autor

Vorwort

«Ich und die Farben sind eins.» *Paul Klee*

Das Urphänomen
«Ideal – real – symbolisch – identisch.
**Ideal, als das letzte Erkennbare; real, als erkannt;
symbolisch, weil es alle Farben begreift; identisch, mit
allen Fällen.»** *J. W. Goethe*

Dieses Buch will die Farben beschreiben. Es will beschreiben, wie sie entstehen – nämlich aus dem Dunkeln und aus dem Hellen. Der von Johann Wolfgang Goethe gezeigte Weg aus der Dunkelheit ins Licht und aus dem Licht in die Dunkelheit kann so nachvollzogen werden. Das Wahrnehmen der Farben muss jeder selbst tun, nur auf diese Weise können sie verinnerlicht werden.

Die Farbwahrnehmung führt dann zu einem ganzheitlichen Bild der Farben, zu einem Farbenkreis. Hier trifft die impressionistische Wahrnehmung auf eine expressionistische Sinngebung der Phänomene. Wahrnehmungen wollen interpretiert, benannt, erklärt werden. So ergeht es schon dem kleinen Kind, das alles, was es sieht, mit Namen versieht.

Ziel dieses Farbenbuchs ist eine ganzheitliche Wahrnehmung und eine umfassende Sinngebung. Johann Wolfgang Goethe, Vincent van Gogh, Rudolf Steiner und der moderne Farbforscher Harald Küppers sind dabei die Hauptautoritäten.

Das Buch ist nicht im üblichen Sinne wissenschaftlich geschrieben, so fehlen auch detaillierte Quellenangaben; ein reichhaltiges Literaturverzeichnis weist jedoch auf Werke zur Vertiefung hin. Dieses Buch will lediglich einen Weg zeigen, einen Farbenweg, den der Autor unzählige Male mit Kursteilnehmern und -teilnehmerinnen gegangen ist. Dieser Weg ist eher meditativer Art, beschreibt äussere und innere Beobachtungen. Er will eine für jedermann auf einfache, leicht verständliche Art nachvollziehbare Einführung in das Thema Farbe geben, die schliesslich zu einem Überblick über Farben, Farbwahrnehmung und -bedeutung führt.

Dieses Buch setzt sich weder mit der newtonschen Wellentheorie noch mit moderneren Ansichten bis hin zur Quantenphysik auseinander. Es will komplementär, das heisst ergänzend zu den gängigen Farbtheorien wirken. Die goethesche Art der Farbwahrnehmung eignet sich als Grundlage, sich mit Farben überhaupt auseinander zu setzen, sie dient volkspädagogisch vor allem Laien, Kindern, Jugendlichen, Lehrern und Lehrerinnen, Autodidakten, Grossmüttern und Grossvätern.

1963 wurde ich an einer Jugendtagung im Goetheanum (Schweiz) durch Heinrich O. Proskauer zum ersten Mal in die Welt der prismatischen Farben und der farbigen Schatten eingeführt. Seitdem forschte ich unentwegt weiter und entwickelte in Kursen mit Schülern, Studenten und Studentinnen eine eigene Farbenlehre. Durch die Kursarbeiten gewann ich viele neue Erkenntnisse.

Interessante Farbbegegnungen verdanke ich auch dem pensionierten Lehrer Fritz Berger, durch den ich schon in der 6. Klasse der Rudolf-Steiner-Schule, Bern, die ersten Farbimpulse erhalten hatte. Durch Ueli Aeschlimann, der eine Gruppe von Lehrern und Lehrerinnen leitete, die sich mit Farben beschäftigte, bekam die vorliegende Arbeit den Bezug zur offiziellen Farbforschung, etwa dem Phänomen der Addition. Mit Elisabeth Aeschbach gewann ich viele praktische Einsichten in die Farbwahrnehmung. Mit ihr gestaltete ich die ersten Farbenkreise mit Naturmaterialien. Viele weitere persönliche Begegnungen und Erkenntnisse aus der Farbliteratur trugen zum Entstehen dieses Buches bei.

Meiner Familie danke ich, dass ich im Sommer 1998 in einem verlassenen Haus in Velke Mezirici (Tschechien) die Gelegenheit und genügend Platz hatte, um die Hauptfassung dieses Buches, das seit Jahren im Kopf und in vielen Notizen gereift war, niederschreiben zu können. Dank einer grosszügigen Geldspende meiner Patentante Hilde Madliger konnte das Projekt im Frühling 1999 weiter vorangetrieben werden; im Sommer 1999 wurde die Arbeit durch Vanda Messerli korrigiert, Pavel Seleši aus Prag besorgte eine erste grafische Umsetzung. Dabei half meine Frau Kamila Seiler-Hugova, die Tschechin ist, bei den vielen Gesprächen mit dem Grafiker als Übersetzerin. Die meisten Fotos stellte René Bürgy her. Schliesslich führte mich Otto Schärli in den AT Verlag ein. Der AT Verlag machte die Herstellung dieses Buches möglich. Für all diese Hilfen möchte ich hier ganz herzlich danken.

Die zweite, wesentlich erweiterte Auflage des Buches wird ergänzt durch ein einführendes Kapitel («Die Welt der Farben erleben»), in dem Experimente mit Regenbogen, farbigen Schatten, Nachbildfarben (Komplementärfarben) und Seifenblasen beschrieben werden. Ganz bewusst ohne Bezugnahme auf die nachfolgenden Kapitel kann der Leser, die Leserin anhand dieser Beispiele die Phänomene unbeschwert studieren, sie sehen, erleben und hoffentlich auch verstehen.

Die im ersten Kapitel gezeigten Phänomene verdanke ich vielen Freunden. Erwähnen möchte ich besonders Ueli Bühler, Heimleiter in Brüttelen, Schweiz, der mich mit der Technik der Farbbeobachtungen an Seifenblasen vertraut gemacht hat. Dem Fotograf Nicolas Kyramarios in Bern danke ich vor allem für die erstmaligen Aufnahmen des ganzen 360-Grad-Regenbogens; dieses Phänomen war bisher zwar von jedem Beobachter subjektiv zu sehen, kann nun aber erstmals objektiv anhand der Fotos wiedergegeben werden.

Dem Verlag danke ich herzlich für die Ermöglichung der wesentlich erweiterten zweiten Auflage.

Ueli Seiler-Hugova

Die Welt der Farben erleben

Die folgenden Experimente mit Regenbogen, farbigen Schatten, Nachbildfarben und Seifenblasen zeigen, wie man auf einfache Art und Weise Farbphänomene spielerisch und sinnlich erfahrbar machen kann.

Regenbogen

Regenbogen am Himmel beobachten

Jeder Mensch hat am Himmel schon einmal einen Regenbogen gesehen. Wenn es regnet und gleich anschliessend wieder die Sonne scheint, kann man in Richtung der abziehenden Regenwolke, mit der Sonne im Rücken, einen Regenbogen sehen.

Auf diesem Bild ist ein wunderschöner Regenbogen zu sehen, aussen dunkel und innen hell. Manchmal schliessen sich am Regenbogen nach innen noch weitere Regenbogen an. Zwischen dem Violett und dem Orangerot des folgenden Regenbogens kann so durch Addition die Frarbe Purpur entstehen.

Auf diesem Bild ist ein Hauptregenbogen zu sehen und daneben noch ein äusserer schwächerer Nebenregenbogen, der die umgekehrte Reihenfolge der Farben aufweist.

Ein mit Hilfe des Regenbogeninstruments erzeugter Regenbogen. Im Hintergrund das Astrolabium zur Sonnen-, Mond- und Sternenbeobachtung.

Ein solcher vollständiger, 360-Grad-Regenbogen lässt sich ebenfalls mit Hilfe des Regenbogeninstruments hervorbringen. Fotografiert mit einem Fischaug-Objektiv mit dem Schatten des Beobachters im Mittelpunkt.

Regenbogeninstrumente

Mit Hilfe der Sonne oder nachts mit Hilfe eines Lichtprojektors kann man experimentell Regenbogen erzeugen.

Drehbares feststehendes Regenbogeninstrument

Im Rosenhofpark der Bildungsstätte Schlössli Ins, Schweiz, steht in einem Teich ein Instrument, mit dem man bei fliessendem Wasser und Sonnenschein einen wunderbaren Regenbogen erzeugen kann (siehe auch Seite 55/56).

In einer feststehenden senkrechten Wasserröhre fliesst Wasser von unten nach oben in eine waagrechte Wasserröhre. Aus dieser fällt das Wasser dann durch Düsen senkrecht hinab. Um einen Regenbogen hervorzubringen, müssen die Sonnenstrahlen rechtwinklig auf die Wasserwand treffen. Je nach Sonnenstand kann das waagrechte Wasserrohr entsprechend gedreht werden.

Auf dieser Regenbogenwand stehen Texte, die mit der goetheschen Farbenlehre in Zusammenhang stehen: «Jeder Mensch hat seinen eigenen Regenbogen.» – « Wölbt sich des bunten Bogens Wechseldauer.» – «Am farbigen Abglanz haben wir das Leben.» Die Regenbogenwand wurde als Idee vom Verfasser entworfen und von der Firma Hofer in Müntschemier, Schweiz, hergestellt.

Drehbare Regenbogenwand

An einer fahrbaren Wand (3 × 3 m) ist oben waagrecht ein Wasserrohr befestigt, aus dem aus Düsen Wasser niederfällt. Die Wand kann nun so gedreht werden, dass die Sonnenstrahlen im rechten Winkel darauftreffen.

Tritt der Beobachter dann näher an die Wasserwand heran, erscheint bei niedrigem Sonnenstand der Schatten seines Kopfes im Zentrum eines ganzen, 360-Grad-Regenbogens. Bei höherem Sonnenstand ist ein solcher ganzer Regenbogen nur von einem erhöhten Stand aus zu beobachten (Stuhl, Gestell).

Dieses Phänomen ist übrigens auch in der Natur zu beobachten, wenn man sich knapp über dem Nebelmeer befindet oder von einem erhöhten Standpunkt aus auf einen Wasserfall blickt; auch vom Flugzeug aus kann man bei entsprechenden Bedingungen um den Schatten des Flugzeugs einen Regenbogen sehen.

Aufnahme eines an der Regenbogenwand erzeugten ganzen, 360-Grad-Regenbogens mit dem Schatten des Beobachters im Mittelpunkt, wiederum fotografiert mit einem Fischaug-Objektiv.

Regenbogen fotografieren

Mit einem normalen Fotoapparat kann man nur Teile eines Regenbogens fotografieren. Mit einem Fischaug-Objektiv jedoch ist es möglich, einen 360-Grad-Regenbogen festzuhalten. Dies hängt zusammen mit dem Winkelabstand von 42 Grad, vom Kopfschatten des Beobachters aus gesehen. Diesen Winkelabstand muss man zumindest verdoppeln, um im Objektiv einen genügend grossen Sichtwinkel zu erhalten.

Ausserdem spielt die Distanz zur Regenwand eine Rolle. Bei einer verhältnismässig kleinen Regenwand (z.B. einer 3 x 3 Meter grossen Wand) muss man bis auf 30 Zentimeter an die Wasserwand herangehen, um den vollständigen Regenbogen zu sehen.

Dass jeder Mensch seinen eigenen Regenbogen sieht, ist Ausdruck der *subjektiven Objektivität*, die zwar nach genauen optischen Gesetzen funktioniert, aber eben von jedem einzelnen selbst gesehen werden muss.

Regenbogen in der Nacht

Wird die Regenbogenwand (siehe Seite 11) bei Nacht oder bei Dunkelheit mit einem Lichtprojektor beleuchtet, kann man darauf einen Regenbogen sehen. In der Museumsnacht, am 23. März 2007 konnten so vor dem Bundeshaus zwischen 18 und 24 Uhr über tausend Personen den Regenbogen an der Regenbogenwand beobachten. Sie warteten manchmal bis zu zwanzig Minuten, um das «Wunder» zu sehen.

Für die Veranstaltung in der Museumsnacht wurden vor der Regenbogenwand Wände und Decke von je drei mal drei Meter angebracht, so dass ein Kubus entstand. An den Wänden informierten Tafeln über optische Phänomene. Den Regenbogen konnte man in Form eines Kreises um den eigenen Kopf sehen, wenn man über den Teppich ganz nahe an den Wasservorhang heranging.

Das Regenbogeninstrument vor dem eingerüsteten Bundeshaus mit dem 5000-Watt-Freshnel-Scheinwerfer.

Regenbogen am Himmel, mit einem Fischaug-Objektiv fotografiert.

1.   2.   3.   4.

Regenbogen malen und zeichnen

Regenbogen malen ist eine der schönsten Beschäftigungen für Kinder. Und wenn sie dann erst noch die richtige Reihenfolge der Farben verinnerlicht haben, ist die Freude gross.

Um die Anordnung der sieben Regenbogenfarben zu begreifen, ist es für Kinder ebenso wie für Erwachsene hilfreich, vom Grün in der Mitte auszugehen.

Man beginnt also mit dem Grün (1) und fügt dann nach aussen hin Gelb, Orange und Orangerot hinzu (2). Nach innen folgen Hellblau, Indigo (dunkles Blau) und zuletzt Violett (3). Mit Kreiden von Caran d'Ache, Neocolor II watersoluble, gezeichnet, kann die Zeichnung für einen Aquarelleffekt mit Wasser verstrichen werden (4).

Ein sogenanntes Brockengespenst, das heisst ein Regenbogen, wie er sich über dem Nebelmeer zeigt.

Farbige Schatten

Experimente mit farbigen Schatten

Schon 1672 hat Otto von Guericke das Phänomen der farbigen Schatten beschrieben. J. W. von Goethe zählte sie zu den physiologischen Farben, das heisst, er ging davon aus, dass die farbigen Schatten wie die Nachbildfarben im Auge des Betrachters entstehen. Rudolf Steiner hingegen sah ihre Entstehung in der Aussenwelt.

Um farbige Schatten zu produzieren, braucht es vier Projektoren, drei Farblichtprojektoren und einen mit Weisslicht. Es werden dazu die gleichen Farben benötigt, wie sie auf der Netzhaut des Auges in den Sehzäpfchen produziert werden, oder wie sie etwa auch dem Farbfernsehen zugrundeliegen. Es sind dies: Orangerot, Violettblau und Grün.

Für unsere Experimente ist es am besten, wenn die Projektoren in der Lichtstärke reguliert werden können.

Grüner Schnee

Was wir in diesem Experiment sehen, hat J. W. von Goethe in seiner Farbenlehre folgendermassen beschrieben:

«Auf einer Harzreise im Winter stieg ich gegen Abend vom Brocken herunter; die weiten Flächen auf- und abwärts waren beschneit, die Heide von Schnee bedeckt, alle zerstreut stehenden Bäume und vorragenden Klippen, auch alle Baum- und Felsmassen völlig bereift; die Sonne senkte sich eben gegen die Oderteiche hinunter. Waren den Tag über bei dem gelblichen Ton des Schnees schon leise violette Schatten bemerklich gewesen, so musste man sie nun für hochblau ansprechen, als ein gesteigertes Gelb von den beleuchteten Teilen widerschien.

Als aber die Sonne sich endlich ihrem Niedergang näherte und ihr durch die stärkeren Dünste höchst gemässigter Strahl die ganze mich umgebende Welt mit der schönsten Purpurfarbe überzog, da verwandelte sich die Schattenfarbe in ein Grün, das nach seiner Klarheit einem Meergrün, nach seiner Schönheit einem Smaragdgrün verglichen werden konnte. Die Erscheinung ward immer lebhafter, man glaubte sich in einer Feenwelt zu befinden, denn alles hatte sich in die zwei lebhaften und so schön übereinstimmenden Farben gekleidet, bis endlich mit dem Sonnenuntergang die Prachterscheinung sich in eine graue Dämmerung und nach und nach in eine mond- und sternhelle Nacht verlor.»

Roter Scheinwerfer allein.

Der durch weisses Licht aufgehellte Schatten des roten Lichts ergibt Grün.

Orangerot und Weiss ergeben Grün
Wenn man ausschliesslich Orangerot projiziert, sieht man überall Orangerot, nur dort, wo der Schatten hinfällt, ist es dunkel. Wird dieser Schatten jedoch mit weissem Licht aufgehellt, so erscheint er grün. Dies ist eigentlich unerklärlich, wenn man bedenkt, dass man ja nur eine Farbe projiziert. Doch das Auge will offensichtlich den komplementären Ausgleich.

Isoliert man die farbigen Schatten, so erblassen sie zu Grau. Wie unsere Beispiele zeigen, kann man aber die farbigen Schatten fotografieren. Es braucht also doch die Nachbarfarbe. Das Auge funktioniert offensichtlich aktiv ganzheitlich, und die farbigen Schatten sind nicht mit der sogenannten Wellenlänge der Farben zu erklären.

Grün und Weiss ergeben Rot.

Violettblau und Weiss ergeben Gelb.

Grün und Weiss ergeben Rot
Wird in der beschriebenen Anordnung nun Grün projiziert, so entsteht im aufgehellten Schatten die Farbe Rot.

Violettblau und Weiss ergeben Gelb
Im Schatten des Violettblauen entsteht Gelb.

Additionen

Werden mehrere Farben gleichzeitig projiziert, entstehen unerwartete neue Farben.

Orangerot und Grün ergeben Gelb

Auf dem Bild sind der rote und grüne Schatten erkennbar. Die Addition ergibt Gelb.

Violettblau und Grün ergeben Cyanblau

Auf dem Bild sind der violettblaue und der grüne, hier hellgrüne Schatten zu erkennen. Beide Farben addiert ergeben Hellblau (reines Blau), wie es im Gesicht zu sehen ist.

Orangerot und Violettblau ergeben ein Purpur

Hier sind der orangerote und der violette Schatten zu sehen. Beide Farben addiert ergeben das wunderbare Purpur (reines Rot).

Orangerot, Grün und Violettblau ergeben Hellgrau (Weiss)

Alle drei Farben zusammen neutralisieren sich zu einem hellen Grau, das man auch als Weiss betrachten kann.

Orangerot und Grün ergeben Gelb.

Orangerot, Grün und Violettblau ergeben Hellgrau (Weiss).

Violettblau und Grün ergeben Cyanblau.

Orangerot und Violettblau ergeben ein Purpur.

Hier sieht man alle Farben des Farbenkreises. Alles wird ausgeglichen durch die komplementäre Dynamik der farbigen Schatten und durch die Additionen.

Hier vereinigen sich alle Farben des Farbenkreises: Purpur, Orangerot, Gelb, Grün, Hellblau, Violett, Weiss und Schwarz.

Farbiges Schattentheater

Das schwarzweisse Schattentheater ist allen bekannt. Viel interessanter jedoch ist das Spiel mit farbigen Schatten. Dies kann entweder mit lebendigen Menschen oder/und mit schattenwerfenden Materialien beliebiger Art und Form (Karton, Stoffe, Farbfolien usw.) geschehen.

Dazu braucht es einen Hellraumprojektor mit Farblichtprojektoren; mit ihm kann man Kulissen gestalten und mit Farbfolien Stimmungen erzeugen.

Nachbildfarben

Die Nachbildfarben, auch Komplementärfarben genannt, entstehen auf der Netzhaut des Auges, wenn man mindestens eine Minute lang die gleiche Farbe fixiert hat. Auf der Netzhaut entsteht dabei sozusagen eine kleine «Wunde», die das Auge mit der komplementären Farbe heilt. Man kann die Farbe zu diesem Zweck auf die Augendeckel oder nach aussen projizieren.

Die Wiedergeburt des Phönix

Für die Museumsnacht 07 in Bern (siehe Seite 12) wurde an die Wand des Regenbogeninstruments ein Bild des mythischen Vogels Phönix gemalt. Der Betrachter wurde dazu aufgefordert, eine Minute lang in die Mitte der Vogelfigur zu schauen, dann den Blick auf den danebenstehenden Kreis zu richten. Dort erlebte der sagenhafte Vogel Phönix dann seine komplementäre Wiedergeburt.

Schaut man eine Minute lang in die Mitte dieser Bilder und dann auf eine weisse Fläche, sieht man das gleiche Bild in den komplementären Farben.

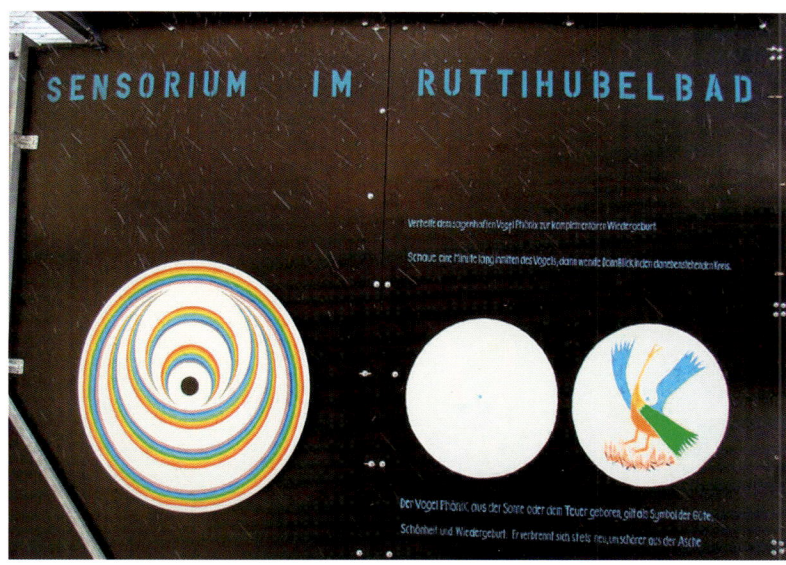

Phönix, aus der Sonne oder dem Feuer geboren, gilt als Symbol der Güte, Schönheit und Wiedergeburt. Er verbrennt sich stets neu, um schöner aus der Asche wieder zu entstehen.

Seifenblasen

Seifenblasen faszinieren und bezaubern Kinder und Erwachsene seit eh und je. Die fragilen Kugeln oder, auf eine glatte Unterlage aufgebracht, Halbkugeln produzieren auf geheimnisvolle Weise Farben und/oder spiegeln die Umgebung. Sie sind eines der einfachsten und zugleich kompliziertesten Phänomene. Einfach, weil die Seifenlösung in jedem Warenhaus für wenig Geld zu haben ist, kompliziert durch die Interferenzfarben, die dadurch entstehen, dass sich Doppelkugeln in kleinstem Abstand bilden, die dann wie bei den Regentropfen des Regenbogens Lichtbrechungen hervorrufen.

Dem wahren Seifenblasenfreund mag das Phänomen allein aber schon als Erklärung genügen.

Seifenblasenlösung aus dem Warenhaus

Mit kleinen Dosen Seifenblasenlösung aus dem Warenhaus kann man das kurze Leben einer Seifenblase studieren: zuerst sehr farbig, vorwiegend grün und purpur, dann gelb und bis kurz vor dem Zerplatzen

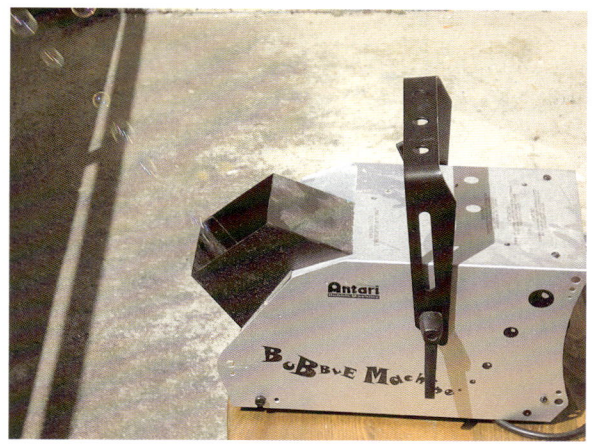
Diese leicht zu bedienende Seifenblasenmaschine gibt es zu kaufen.

Jede Seifenblase hat ein Eigenleben, jede ist wieder andersfarbig. Ihre voraussichtliche Lebensdauer kann man an der Farbe ablesen.

Die Freude ist gross: Seifenblasen blasen ist ganz einfach.

durchsichtig. Immer spiegelt sich die Sonne oder der Himmel darin.

Die Kugeln sind flüssig. Das Seifenwasser fliesst von der oberen Hälfte der Kugel hinunter, bis die zu dünn gewordene Kugel platzt.

Die Seifenblasen schillern in verschiedenen Farben; sie zeigen ihre innere Beschaffenheit und spiegeln zugleich auch die Aussenwelt.

Experimente und Beobachtungen an Seifenblasen

Wenn man eine Seifenblase auf eine helle Milchglasscheibe oder ein Drahtgestell bläst, kann man in ent-
sprechender Beleuchtung die Farben der Blase gut beobachten und fotografieren. Dazu muss sich das Licht
von aussen in der Seifenblase richtig spiegeln.

Entscheidend bei der Beobachtung von Seifenblasen ist die
Beleuchtung. Hier wurde ein PVC-Rohr senkrecht aufgestellt,
in dem eine Halogenlampe (12 Volt/20 Watt) montiert ist.
Das Licht scheint so optimal auf die Seifenblase. Die Seifenblase wird auf die darunter liegende Milchglasscheibe gebla-
sen.

Die Seifenblase lässt sich auch in rechteckiger Form auf ein
Drahtgestell spannen. Die sich ständig verändernden und
zerfliessenden Farbschichten erscheinen generell in Grün
und Purpur. Oben, wo die Blase dünn wird, geht sie, bevor
sie zerplatzt, ins Gelbliche und zuletzt ins Durchsichtige
über.

Die untere Halbblase ist die Spiegelung der oberen. Man beachte die typische Grün-Purpur-Streifung. Es sind Interferenz-farben, die durch die spezielle und sich ständig verändernde Optik der Doppelblase entstehen. Die Entstehung des Grüns und des Purpurs wird später auch im Zusammenhang mit den Randspektren gezeigt.

Dunkelheit und Licht

Die Dunkelheit als Mutter aller Dinge, als Urgrund allen Seins und Werdens.

Das Licht zeugt aus dem Urgrund der Dunkelheit die Gegenstandswelt, die sichtbare Welt.

Dunkelheit

Wir sitzen in einem möglichst absolut dunklen Raum. Mit geschlossenen Augen sind wir hierher geführt worden, ohne zu wissen, wie gross der Raum ist. Die Stühle sind so angeordnet, dass sie einen Kreis bilden, und indem wir einander die Hand geben, findet jeder einen Sitzplatz. Wir lassen die Hände los, sitzen und sehen, dass wir nichts sehen. Oder doch?

Ob wir die Augen auf oder zu machen, ergibt keinen Unterschied. Doch es flimmert, es zeigen sich Fäden, Wirbel, weiss, grau, farbig. Jeder berichtet dies etwas anders. Mit der Zeit beruhigt sich das Geflimmer. Wir kommen ins Gespräch. Jeder erzählt von seinen Dunkelheitserfahrungen – jetzt und früher: «Dunkelheit macht mir Angst, gibt mir Geborgenheit, hat etwas Saugendes, erzeugt Wärme. Die Dunkelheit ermöglicht mir, die Umwelt ohne Distanz zu erleben.» Wenn jemand spricht, sind wir in seiner Stimme, spüren sein Wesen von innen. Alle Sinne sind aktiver: das Hören, das Riechen, das Tasten, der Wärmesinn, die Konzentration auf die Gedanken anderer und auf die eigenen. Die Dunkelheit als Mutter aller Dinge, als Urgrund allen Seins und Werdens.

Licht

Ein Lichtstrahl durchdringt die Dunkelheit. So denken wir es uns. Doch wir sehen nur die Lichtquelle und die beleuchtete Stelle. Erst dort, wo das Licht auf Materie prallt und zurückgeworfen wird, sehen wir … was? Den Gegenstand, das Gegenüber, das Beschienene.

Licht ist unsichtbar, noch niemand hat es gesehen. Es wird erst sichtbar an der Materie. Es pflanzt sich zwar mit einer gewissen Geschwindigkeit fort, doch weiss man heute noch nicht, ob dies in der Form von Kügelchen oder Wellen geschieht, in beidem oder in keinem von beiden. Das Licht bleibt ein Rätsel wie die Dunkelheit auch. Beides ist unsichtbar.

Licht ist etwas Geradliniges, Reflektierendes, es macht die Welt zur Gegenwelt, zum Gegen-Stand. Das Licht ist der Vater aller Dinge. Das Licht zeugt aus dem Urgrund der Dunkelheit die Gegenstandswelt, die sichtbare Welt.

Der Weg aus der Dunkelheit ins Licht

Jetzt erhellen wir den Dunkelraum mit einer Kerze. Wunderbar, dieses Kerzenlicht! Es hat die Eigenschaft, die Dunkelheit nicht ganz zu verdrängen. Wir erleben den etwas aufgehellten Raum traumhaft zwischen mütterlicher Dunkelheit und väterlichem Lichtzentrum. Wir machen uns Gedanken über den Weg der Menschheit: Auch sie kommt aus der warmen magischen Dunkelheit und ist heute in der alles beleuchtenden, reflek-

tierenden, kalten Gegenstandswelt angekommen. Hat
eine frühe Menschheit ihre Mysterien in der Dunkelheit
der Höhlen zelebriert, wie es die Höhlenmalerei be-
zeugt, so wird heute auch die Nacht zum Tag. Alles
Dunkle, alles Schattenhafte soll durch reflektierendes
Licht verdrängt werden. Die Ratio, das naturwissen-
schaftliche kausale Wissen macht die Welt zur beleuchteten, entfremdeten Gegenwelt.

Zwischen diesen Uranfängen der Menschheit und
der Gegenwart erlebten und erleben die Menschen die
traumhafte mythische Welt, wo alles noch ein Ganzes
war: Dunkelheit und Helligkeit ergänz(t)en sich; was
innen ist, ist auch aussen; wie oben, so auch unten
(Trismegistos). Der Mensch machte sich Bilder über die
Welt, Märchen und Mythen entstanden. Das Schema
rechts oben kann diesen Weg der Menschheit verdeut-
lichen:

Frühzeit
Dunkelheit
Magisch

Zwischenzeit
Kerze in der Dunkelheit
Mythisch

Neuzeit
Voll beleuchteter Raum
Reflektierend (mental)

Ist die dunkle magische Welt linear, so ist die mythische bildhaft und die seit der Renaissance vollends
perspektivische, voll beleuchtete Welt raumergreifend.

Die Frage ist, wie es weitergeht. Wir sind gewissermassen an einem Endpunkt, an der Bewusstseins-
schwelle angekommen, wo wir in eine Sackgasse gera-
ten sind – wie es auch die jetzige Lage der Menschheit
zeigt. Es bedarf eines Bewusstseinsprunges über die
Schwelle, auf eine neue Bewusstseinsebene. Viele ver-
suchen diese Schwelle mit Drogen, Gewalt, in der vir-
tuellen Welt, mit dem Verändern der Erbsubstanz oder
auf verschiedensten esoterischen Wegen zu über-
schreiten.

Der Farbenweg führt uns vom Magischen ins Mythische und zuletzt ins Perspektivisch-Räumliche. Und
darüber hinaus?

Künstler versuchten seit Anfang des letzten Jahrhunderts von der Impression (der Aussenwelt) in die
Expression (der Innenwelt) zu kommen. Vincent van
Gogh als Magier der Farben, als Integrator von Licht
und Finsternis hat in seinem Werk gezeigt, wie es
weitergehen könnte (siehe Seite 80). Andere wie Bra-
que, Picasso, Klee und Kandinsky versuchten, die äus-
serlich-räumliche Welt im Kubismus, im Abstrakten zu

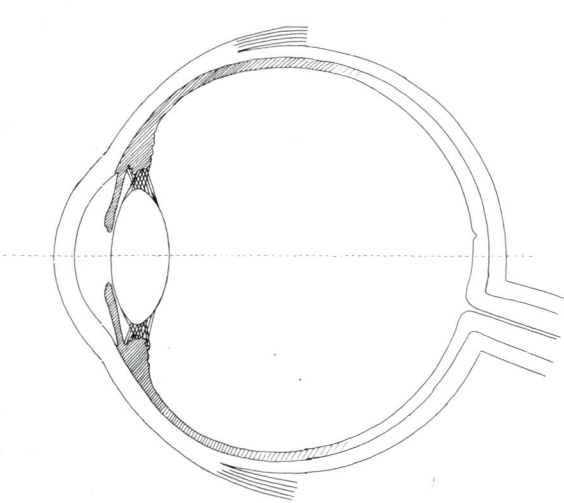

Die Gliederung des Auges (aus: Lothar Vogel, *Der drei-
gliedrige Mensch*, 1979).

Die Kerzenflamme zwischen Licht und Dunkelheit zeigt eine wunderbare Farbenaura.

überwinden. Die Psychologen entdeckten (wieder) das dunkle Unbewusste.

Schon lange zuvor hatte Johann Wolfgang Goethe Isaak Newtons Farbenlehre korrigiert, indem er zeigte, dass die Farben nicht nur aus dem Licht, sondern auch aus der Dunkelheit entstehen. Der postmoderne Mensch versucht zu integrieren: Das so genannte Böse, Dunkle in der Welt soll nicht als etwas ausserhalb des eigenen Seins Befindliches abgelehnt oder bekämpft werden, sondern als Teil seiner selbst akzeptiert werden. Der eigene Schatten ergänzt das Lichthafte. Licht und Dunkelheit, beide als schaffende Mächte. Wie können sie zur Ganzheit werden? Durch die Farben, die aus dem Licht und der Dunkelheit kommen!

Goethes Farbenlehre

Johann Wolfgang Goethe veröffentlichte seine Farbenlehre 1810 im Alter von 61 Jahren.

Die sechs Kapitel sind so aufgebaut, dass sie von den physiologischen Farben ausgehen, das heisst zum Beispiel von den Komplementärfarben, die ihren Ursprung in der Augenhöhle haben, weiter über die physischen Farben (Licht – Finsternis – Trübe; prismatische Farben), chemische Farben (z. B. sauer-alkalische Reaktionen), die Kapitel «Allgemeine Ansichten nach innen» (Polarität und Steigung) sowie «Nachbarliche Verhältnisse» zu anderen Wissenschaften führen und schliesslich im Kapitel über die sinnlich-sittliche Wirkung der Farben enden, in dem die Wirkung der Farben im Innerseelischen beschrieben wird.

Auf diesem Weg von so genannt subjektiven, das heisst durch das menschliche Auge selbst geschauten und reproduzierten Farben zu den Farben in der Welt

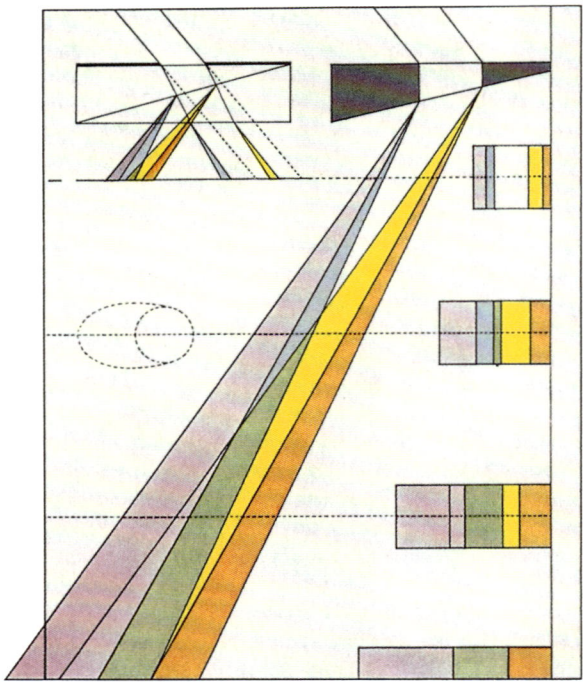

Johann Wolfgang Goethes Prismaversuche
(aus: J. W. Goethe, *Die Tafeln zur Farbenlehre und deren Erklärungen*, 1994).

der Physik und Chemie und zurück zur sinnlich-sittlichen Wirkung im Seelischen schliesst sich der Kreis einer Wissenschaft, die den Menschen nicht ausschliesst, sondern einbezieht.

Seine Farbenlehre betrachtete Goethe selbst als sein wichtigstes Werk. Warum? Weil sie beispielhaft zeigt, wie eine Wissenschaft aussehen muss, wenn sie komplementär ist, das heisst Sinneswahrnehmung mit Sinngebung ergänzt.

Eigentlich beinhaltet Goethes Farbenlehre die Beschreibung von tausend Wahrnehmungen. Goethe theoretisiert nicht, er beschreibt, wobei er diese Wahrneh-

mungen allerdings in die oben erwähnten Kapitel ein-
ordnet. Und er kommt auf die gegenüber Newton erstaunliche Tatsache, dass die Farben nicht nur aus dem
Licht, sondern auch aus der Dunkelheit stammen. Die
Farbenlehre kann ein Beispiel sein, wie eine künftige
sinnlich-sittliche Wissenschaft aussehen könnte, auch
in anderen Bereichen der Sinne, also etwa des Tastens,
des Lebenssinns, der Bewegung, des Gleichgewichts,
des Geruchs, des Geschmacks, der Wärmeempfindung,
des Hörens, der Sprache, des Denkens und der Ich-
Wahrnehmung, wie sie Rudolf Steiner in seiner Zwölf-
Sinnes-Lehre schon angedeutet hat.

J. W. Goethes Farbenlehre ist heute kaum bekannt
und schon gar nicht anerkannt. Warum? Weil ihr Ansatz der heute gängigen Wissenschaft immer noch
zuwiderläuft. Dem Menschen als Beobachter wird immer noch misstraut. Es werden vom Menschen unab-
hängige instrumentelle Beobachtungen gefordert. Das
nennt man dann objektiv. Dabei ist das im guten Sinne
Subjektive gerade das, was jeder Mensch täglich mit
seinen Augen sehen kann, wenn er seine Organe belehrt.

Goethes Farbenlehre ist paradoxerweise oft auch
bei seinen Befürwortern unbekannt. Bücher darüber zu
lesen genügt nicht, um seine Farbenlehre tatsächlich
zu kennen. Die Farben wollen selbst gesehen, «erlit-
ten» und beobachtet werden: Täglich, solange das
Auge schaut. Und es ist erstaunlich, dass in unserer so
visuell ausgerichteten Welt etwa die farbigen Schatten
(das Phänomen der Simultankontraste) noch kaum
bekannt sind, obwohl sie täglich ins Auge fallen. Oder
dass Purpur als reines Rot zwar in der Druckindustrie
als Magenta technisch angewendet wird, im Bewusstsein der Menschen aber kaum angekommen ist. Das,
was allgemein als Rot bezeichnet wird, ist eigentlich
ein Gelbrot. Die Farbenlehre Goethes muss erst erfah-

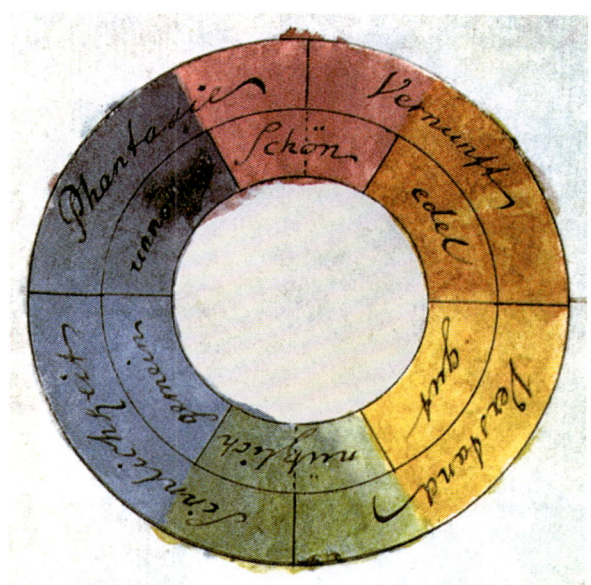

J. W. Goethes Farbenkreis (aus: Hans Gekeler, *Taschenbuch
der Farbe*, 1991).

ren werden. Erst in der Evidenz des Geschauten, in der
Wahrnehmung als wahr empfunden, wird die Farbe zur
Identität.

Diese Farbwahrheit, etwa die des Sonnenunter-
gangs (abgedunkelte Helligkeit), will der Mensch immer wieder sehen, weil er sich identifizieren kann mit
dem Urphänomen. Ich und Welt kommunizieren so im
höheren Sinne. Es entsteht der spirituelle Opferdienst
auf dem Altar der Natur, wie ihn Goethe als Kind schon
praktizierte. Kommunion nicht im symbolischen Sinne,
sondern identisch. Das Ich und die Welt, die Welt und
das Ich werden eins. Nichts ist mehr dahinter, sondern
innen ist aussen und aussen ist innen.

Der Manichäismus entwickelte im dritten Jahrhundert nach Christus eine Licht-Finsternis-Kosmogonie,
die die Grundlage wird für die goethesche Farbenlehre.

Das Sonnenlicht wird durch die Trübe gedämpft und wird gelb-orangerot.

Manichäische Kosmogonie

aus: Eugen Roll, *Mani der Gesandte des Lichts*, 1976

«Der Mythos von Licht und Finsternis wurzelt in der Lehre des Mani (215–276 n. Chr.), des Begründers der gnostischen Religion des Manichäismus. Das Gedankengut dieser spirituellen Strömung tauchte später wieder in der Bogomilen-Bewegung in Bulgarien (8. Jahrhundert), im Katharertum in Südfrankreich (12. Jahrhundert), bei den Templern, Rosenkreuzern und Alchemisten auf. Auch Johann Wolfgang Goethe steht in dieser Tradition.

Das Weltbild Manis ist nicht mehr die heitere Götterwelt olympischer Prägung; die Vermenschlichung der Götter ist abgelöst von der Vergeistigung der Menschen, die als Gottgeweihte die Erde verlassen und in lichten Sphären Einzug halten. Trotzdem bleibt Mani dieser Welt zugetan. Das tägliche Wunder des Umlaufs der Sonne und des Mondes in den Weiten des Raumes erschien ihm als Ausdruck verborgener Kräfte und Mächte, die sich ihm als geistige Beweger und Weltträger offenbarten. Er betrachtete die äusseren Vorgänge als Regungen des beseelten Weltenleibes, Sonne, Mond und Sterne dienten ihm als Bilder, die (…) an den geistigen Urgrund der Erde erinnern sollten.

Die kosmische Architektur ist von der Zahl zwölf bestimmt. Der Kreis des Himmels wird von den zwölf grossen Göttern eingenommen, je drei in jeder der vier Himmelsgegenden, weshalb der Eine, den sie umgürten, von den Manichäern der ‹Viergesichtige Vater der Grösse› genannt wird. Der kosmischen Ordnung entsprechend haben sich die Manichäer auch die Ordnung auf der Erde gedacht und ihre kirchliche Verfassung danach eingerichtet. So umgab sich Mani mit zwölf Magistri, die den zwölf Kräfteschwerpunkten des Tierkreises entsprachen.»

Die sieben Metamorphosen der Erde

Die Zahl zwölf ist die Grundzahl des Raumes. Was im Raum Gestalt gewinnt, ist dieser Zahl unterworfen; was dagegen in der Zeit verläuft, richtet sich nach der Zahl sieben. Wie im Ersten Buch Mosis die Schöpfung dem Siebentagerhythmus folgt, haben fast alle kosmischen Entwicklungen die Zahl sieben als Grundlage. Rudolf Steiner hat die sieben Phasen der Weltentwicklung ausführlich dargestellt und dafür die Namen Saturn, Sonne, Mond, Erde, Jupiter, Venus und Vulkan gebraucht. Das manichäische Weltbild weist, wie sich aus der manichäischen Literatur ablesen lässt, eine ähnliche Struktur auf. Der wichtigste Hinweis kommt von Mani selbst, der seinen König erinnert: «Du weist, dass es der Erden sieben sind!» Damit hat Mani deutlich darauf hingewiesen, dass die Erde sieben Weltzeitalter (Äonen) durchlaufen wird. Die folgende grafische Darstellung soll dies veranschaulichen.

In diesem Schema sind die sieben kosmischen Metamorphosen der «Erde» dargestellt, und zwar so, als ob sie sich nach unten hin in einem dunklen Medium spiegelten. Die Horizontale, welche die Lichtwelt von der Welt der Finsternis trennt, ist also als dunkler Spiegel zu denken, einem schwarzen Onyx vergleichbar, der den Hauptteil des einfallenden Lichts verschluckt. Der Abstieg von links oben zur Mitte bedeutet eine Verdichtung und damit Verdunkelung. Der Aufstieg der Gegenbilder in der linken unteren Hälfte bedeutet eine Art Aufhellung. Bekannt ist uns aus dem manichäischen System die «terra lucida» und, ihr gegenüberliegend, die «terra pestifera». Aus der Kephalaia sind auch die Regenten der jeweiligen planetarischen Metamorphose der Erde bekannt. Im vierten Kapitel spricht Mani über die vier grossen Tage, die auseinander hervorgegangen sind. Danach steht der erste Tag, der Saturntag, unter der Regentschaft des Vaters, «des Gottes der Wahrheit». Der zweite Tag, der Sonntag (die «terra lucida»), steht unter der Führung des «Dritten Gesandten», der im Lichtschiff wohnt, und den dritten Tag werden wir noch persönlich kennen lernen.

Während die linke Seite der grafischen Darstellung in eine Urvergangenheit zurückreicht, kündet die rechte Seite von einer fernen Erdenzukunft. In der Mitte haben wir den eigentlichen «Erdenzustand» unseres Planeten, so wie ihn die Manichäer erlebten. Hier ist die Vermischung zwischen den lichten und den dunklen Elementen so weit fortgeschritten, dass eine Art Gleichgewicht erreicht ist. Diese «Erde» steht unter der Regentschaft dessen, den Mani «Jesus, den Glanz» nennt.

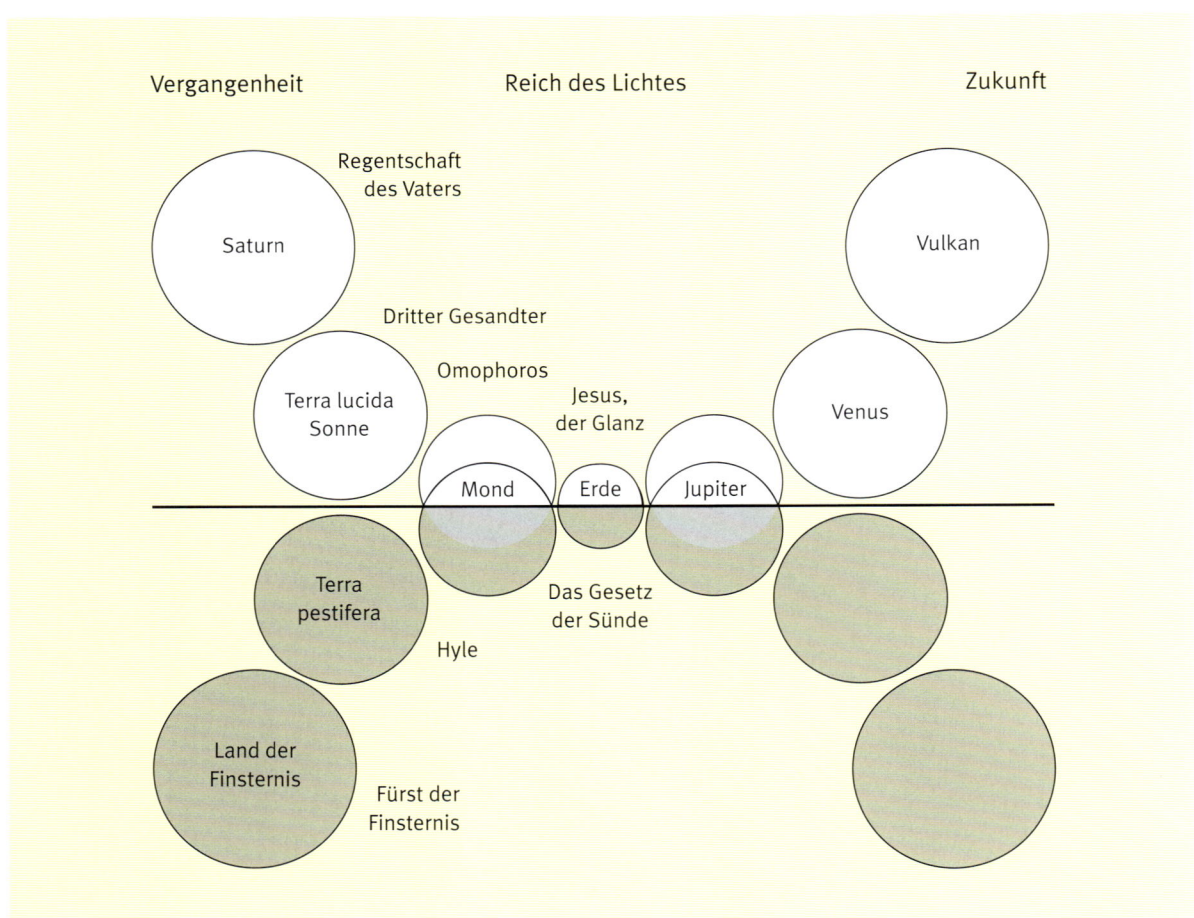

Die sieben Metamorphosen der Erde (aus: Eugen Roll, *Mani der Gesandte des Lichts*, 1976).

Speer und Schale

Licht und Finsternis als Urkräfte des Lebens wurden schon in der megalithischen Zeit (um 3000 v. Chr.) dargestellt als das sonnenhaft Strahlende und das Getragensein im umhüllend Höhlenhaften.

Die «männlichen», aktiven Sonnenstrahlen als Axt und das weiblich Verinnerlichte, als mondenhaftes Viereck dargestellt, der speerwerfende Helios und die Urmutter im zu- und abnehmenden Mond. Das helle Zeugende und das dunkle Gebärende wurden zu Realsymbolen des Lebens.

Aus der manichäischen Tradition heraus wuchs der Gralsmythos, der in Speer und in Schale die höchsten Werte der Menschheit repräsentiert. Im «Parzival» des Wolfram von Eschenbach werden sie in der Gralszeremonie im blutigen Speer und in dem lebensspendenden Gral dargestellt. Hier wird der Speer zum todbringenden Werkzeug Christi am Kreuz, die Schale zum Gefäss, welches das Blut Christi auffängt und die Gralsgemeinschaft spirituell am Leben erhält. Das Sonnenhafte wird zur erkenntnisbringenden Todeslanze, die mondenhafte Schale stellt die immer wieder erneute Lebenskraft dar. Das Helle wird zur Hölle (Jean Gebser), das Dunkle zum Erwecker des Lebens. So hat das Helle das Dunkle in sich, das Dunkle das Helle. Beide ergänzen sich.

Die Sonne um Mitternacht zu sehen war kein Widerspruch, sondern eine spirituelle Wirklichkeit.

Aufgehellte Dunkelheit – abgedunkelte Helligkeit

Die Dunkelheit selbst ist unsichtbar. Erst dort, wo sie violett und blau wird, wird sie fürs Auge sichtbar. Die Dunkelheit «scheint» durch das Violett und Blau. Diese sind die Dunkelheitsfarben.

Dieser Farbprozess aus dem Licht in die Dunkelheit ergibt sich also durch zunehmende Trübung.

Violett – Blau – Weiss

Wir sitzen noch immer im Dunkelraum, mitten drin leuchtet das Licht einer Kerze. Wir haben gehört, dass die Dunkelheit und das Licht zwar die schaffenden Mächte, aber selbst unsichtbar sind. Wo werden sie für unser Auge sichtbar?

Jeder in unserem Kreis hat nun eine Kerze auf Augenhöhe und betrachtet ihre Flamme. Die Kerzenflamme selbst ist ein Bild der Ganzheit, ein Organon: Das harte weisse Wachs wird verflüssigt, in den verkohlenden schwarzen Docht hinaufgesogen und dort gasförmig verbrannt: Blau, Gelb, Orangerot, Violett entstehen. Nicht nur die Flamme ist farbig, sondern auch um sie herum entsteht eine farbige Aura. So wird die Flamme zur alchemistischen Wandlerin verschiedener Zustände.

Was uns jetzt besonders interessiert, ist das Blau der Kerzenflamme: Tiefblau erscheint es, wenn der Hintergrund dunkel ist, hellblau bis durchsichtig, wenn die eigene Hand oder ein anderes Kerzenlicht dahinter gehalten wird. Das Blau entsteht aus der Dunkelheit. Aufgehellte Dunkelheit wird blau. Beispiele in der

Natur gibt es viele: Die dunkle Tiefe des Sees wird durch das Wasser aufgehellt, und es entsteht das Blau. Die absolute Dunkelheit des Alls wird durch die Atmosphäre am Tage aufgehellt. Je höher wir auf einen Berg steigen, desto dunkler und intensiver wird das Blau des Himmels. Jeder Astronaut fliegt zunächst durch das dunkelste Indigo, dann, bevor er im ganz dunklen All ist, wird es noch violett. Je dichter die Atmosphäre mit Luftfeuchtigkeit gefüllt ist, desto heller blau bis

Durch die Aufhellung des Alls erhalten wir Violett-Blau-Weiss.

Das Blau der Spiritusflamme, aufgehellte Dunkelheit.

weiss erscheint die Farbe des Himmels, wenn wir von der Erde aus ins dunkle All schauen. Das Blau der Landschaft zeugt von starker Luftfeuchtigkeit, die den dunklen Hintergrund zu Blau aufhellt. Bei warmem trockenem Wind (Föhn) erscheint die Landschaft ohne Blau, ganz nahe.

Folgender Farbprozess führt aus dem Dunklen zu zunehmend aufgehellter Dunkelheit: Die Dunkelheit selbst ist unsichtbar. Erst dort, wo sie violett und blau wird, wird sie für das Auge sichtbar. Die Dunkelheit scheint durch das Violett und Blau. Diese sind dadurch die Dunkelheitsfarben.

Gelb – Orangerot – Schwarz

Aus einem Projektor erstrahlt starkes Licht, das durch ein weisses Papier gefiltert wird. Es entsteht ein helles Weiss. Nun überdecke ich die Lichtquelle mit immer mehr Schichten Papier: Das Licht dunkelt sich durch die zunehmende Trübung nicht einfach ab, sondern es wird zuerst hellgelb, dann tiefgelb, anschliessend orange bis orangerot. Bei weiteren Papierschichten nimmt das Orangerot immer mehr ab, bis das Licht die Trübung nicht mehr durchdringen kann – es wird dunkel, schwarz. So entsteht die abgedunkelte Helligkeit: Gelb, Orange, Orangerot, Schwarz. Der Farbprozess

Das Blau der Spiritusflamme: Es ist tiefblau vor dunklem Hintergrund, hellblau bis durchsichtig vor hellem Hintergrund.

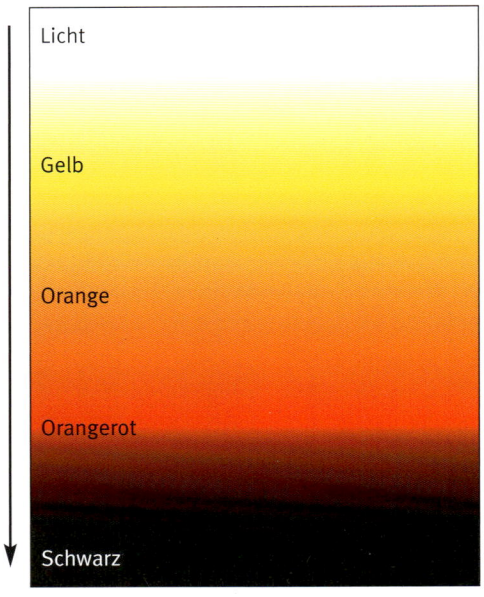

Das Gelb und Gelbrot beim Sonnenunter- und -aufgang.

Sonnenaufgang vom 26. Januar 1995 um 8 Uhr 15 zwischen Schreckhorn und Wetterhorn, von Ins aus gesehen

Labormässige Trübung durch verschiedene Schichten von weissem Papier.

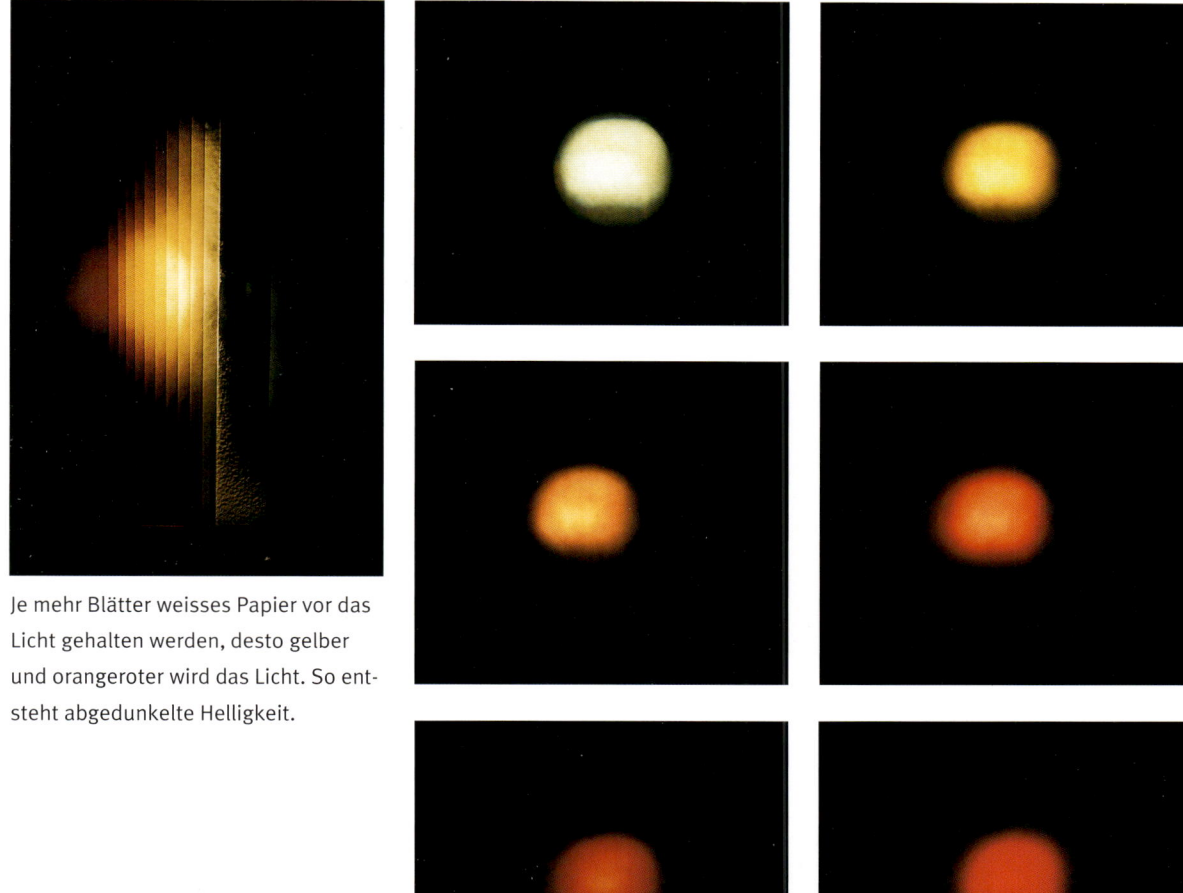

Je mehr Blätter weisses Papier vor das Licht gehalten werden, desto gelber und orangeroter wird das Licht. So entsteht abgedunkelte Helligkeit.

geht höchstens bis Orangerot, bevor es im Schwarz verschwindet. Dasselbe Phänomen erleben wir beim Sonnenauf- und -untergang, beim Glühen des Eisens, bei glimmender Kohle und wenn wir die helle Sonne durch russgeschwärztes Glas anschauen.

Dieser Farbprozess aus dem Licht in die Dunkelheit (Schwarz) ergibt sich also durch zunehmende Trübung (Papier, Luftverschmutzung, Luftfeuchtigkeit usw.).

Lichtstrahl durch trübes Wasser

Durch klares Wasser (z. B. in einem Aquarium) lassen wir den Lichtstrahl einer Projektorlampe scheinen. Der Lichtstrahl wird kaum abgedämpft. Nun mischen wir eine Schmierseifenlösung unter das klare Wasser. Das Trübe erscheint, je nachdem, ob dahinter Licht oder Dunkelheit ist, gelb-rot oder blau-hellblau-weiss.

Mit diesem Versuch können wir das Orangerot der untergehenden Sonne oder das Blau eines Sees erblicken. Dasselbe sehen wir in einem opalisierenden Glas: Gelb-Rot oder sogar Violett-Blau-Hellblau-Weiss.

Klares Wasser zeigt keine Farben.

Licht durch trübes Wasser wird farbig.

Gelborange: abgedunkelte Helligkeit.

Violett-Blau: aufgehellte Dunkelheit.

Trübes Opalglas zeigt verschiedenste Farbnuancen, je nachdem, ob das Licht abgedunkelt oder die Dunkeheit aufgehellt wird.

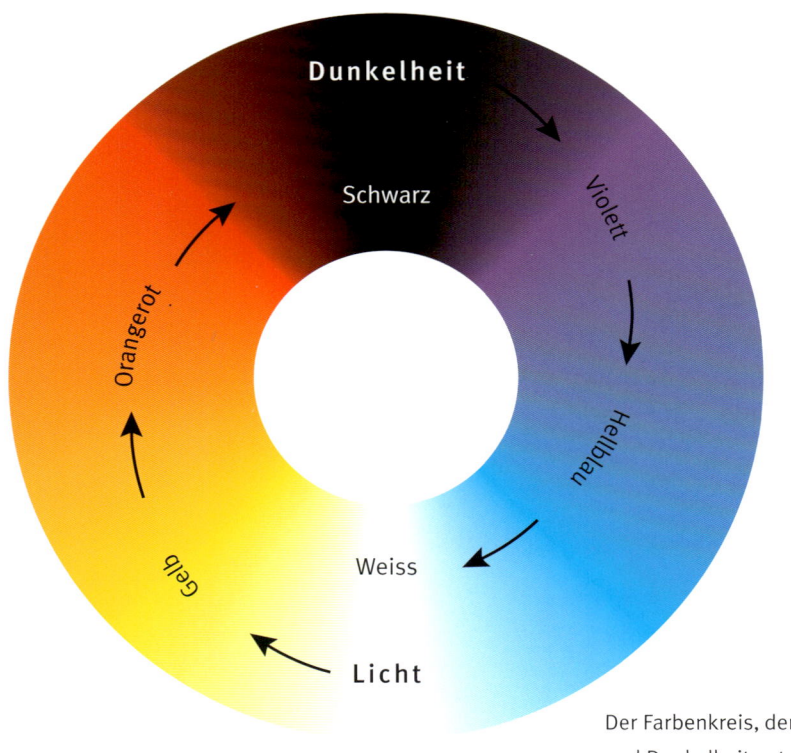

Der Farbenkreis, der noch durch Licht und Dunkelheit geteilt wird.

Farbenkreis durch Dunkelheit und Licht als Prozess

So kommen wir zu einem ersten Farbenkreis. Licht, abgedunkelt durch Trübes, ergibt Gelb – Orangerot – Schwarz. Dunkelheit, aufgehellt durch Trübes, ergibt Violett – Hellblau – Weiss. Dieser Prozess durch die entsprechenden Helligkeits- und Dunkelheitsfarben aus dem Licht in die Dunkelheit (Schwarz) und wieder ins Licht (Weiss) kann als erstes Farbenorganon verinnerlicht werden.

Wir können es künstlerisch gestalten durch Malen, Bewegung, Musik, Sprache. Kursteilnehmer und -teilnehmerinnen werden aufgefordert, sich im Gelben,

dann im Orangeroten zu bewegen. Die Bewegungen werden emotionaler und wilder. Im Schwarzen erstarren sie. Erst im Violetten löst sich langsam die Starre, und im Blau werden die Bewegungen weicher und inniger. Im Weissen schliesslich werden sie still und lichthaft. Nun kann der Prozess von neuem beginnen.

Farbenweg als Weg durch die Krise der Dunkelheit

Erst im etwas abgedunkelten Licht, im Gelb, erleben wir die Reinheit und Leichtigkeit des Lichts. Kaum von Materie getrübt, drückt das helle Gelb Freude, Geistesglanz und Heiterkeit aus. Intensiver getrübtes Licht, das Orange, wird wärmer, erdenhafter, sinnlicher. Erst im Orangerot entstehen die Emotionen der Gefühle, des Blutes, des Wutausbruchs. Im feurigen Orangerot haben wir die aktivste Farbe, die grösste Erregung, orgiastische Verschmelzung.

Der Abbruch in die Dunkelheit, ins Schwarz, ist abrupt: Schwarz ist der Endpunkt der Verdichtung, ist Lähmung jeglicher Aktivität, Lethargie, dunkle Leere, Bewegungslosigkeit. In diesem schwarzen Totenreich verweilen heisst allem Leben entsagen, die Krise der Hoffnungslosigkeit erleiden, den Schmerz als Schmerz ertragen. Schwarz liegt neben Orangerot, Tod neben Leben, absolute Erregung neben grösster Lethargie.

In der sich dann wieder aufhellenden Dunkelheit zeigt sich das Violett. Nach Krise und Krankheit die Farbe der Transformation, der Transparenz, der Spiritualität. Nur wer durch tiefes Leid gegangen, kann Geistiges erschauen.

Das sich nun weiter zum Indigo und Königsblau aufhellende Dunkel wird umhüllender, inniger, seelischer: Die Innenwelt leuchtet auf in der romantischen «Blauen Blume», in der Sehnsucht nach Ferne, nach dem Geheimnis.

Die weitere Aufhellung zum Hellblau der niedlichen Blume Vergissmeinnicht stimmt heiter.

Im Weiss der Wolke, des Schnees sind wir wieder im Bild des Geistes, in der heiteren Leere des Lichts.

Ein neuer Prozess kann beginnen …

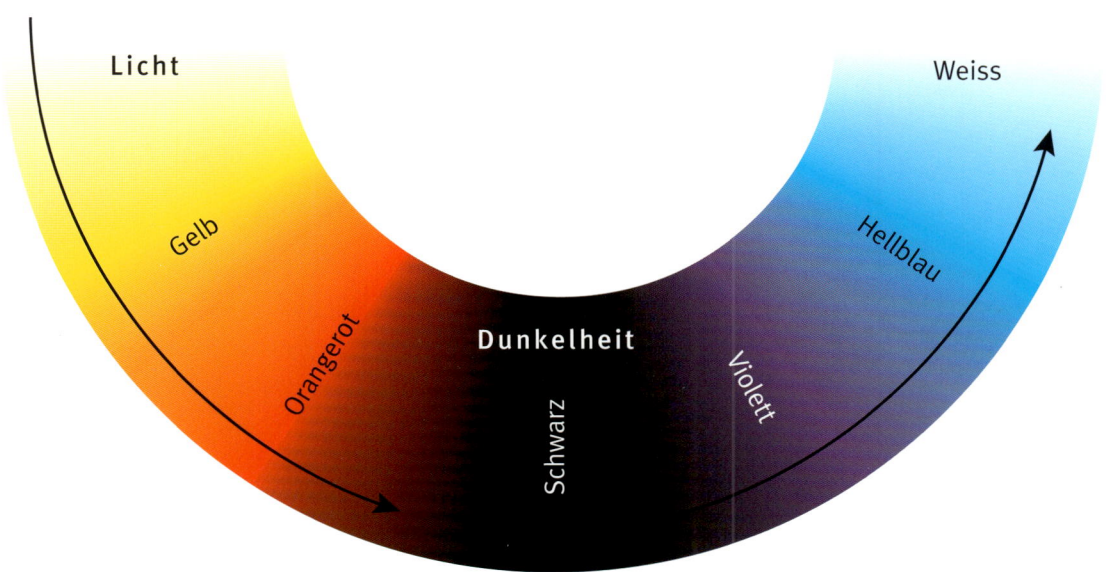

Der Weg vom Licht durch die Krise der Dunkelheit, der wieder zum Licht (Weiss) führt.

Farbige Ränder

Licht, durch ein Prisma geleitet, beugt sich und lässt wunderbare Farben entstehen.

Seifenblasen als farbige Objekte.

Farbprismen

Eines des wichtigsten Instrumente zum Beobachten der Kantenspektren (Gelb, Orangerot, Violett, Blau) und die Herstellung von Grün und Purpur ist das Prisma. Am besten sind Prismen aus gutem Glas; es gibt auch billigere, aber schlechtere aus Plastik zu kaufen. Eindrucksvoll sind die grossen, selbst hergestellten Wasserprismen. Man kann auch einen Spiegel in ein mit Wasser gefülltes Gefäss legen und das Sonnenlicht auf eine Projektionswand spiegeln.

Phänomene wie die Farben im Tautropfen, in einer ölgetränkten Wasserlache, in einer Seifenblase (Purpur- und Grünringe), in den technisch hergestellten irisierenden Oberflächen von Gegenständen, in den Erscheinungen des Hofs um den Mond und die Sonne sind alle prismatischen Ursprungs. Sie alle haben eines gemeinsam, nämlich, dass die Farben sich je nach Standpunkt der Augen anders zeigen.

Es gibt viele Arten von geschliffenen Prismen, die man an das Fenster hängen kann; wenn das Sonnenlicht hindurchscheint, entstehen wunderbare wandernde Regenbogenfarben an den Wänden.

Farbprisma. An ein Fenster gehängt, ergeben sich bei Sonnenschein wunderbare Regenbogenbilder.

Optikversuche mit Wasserprismen.

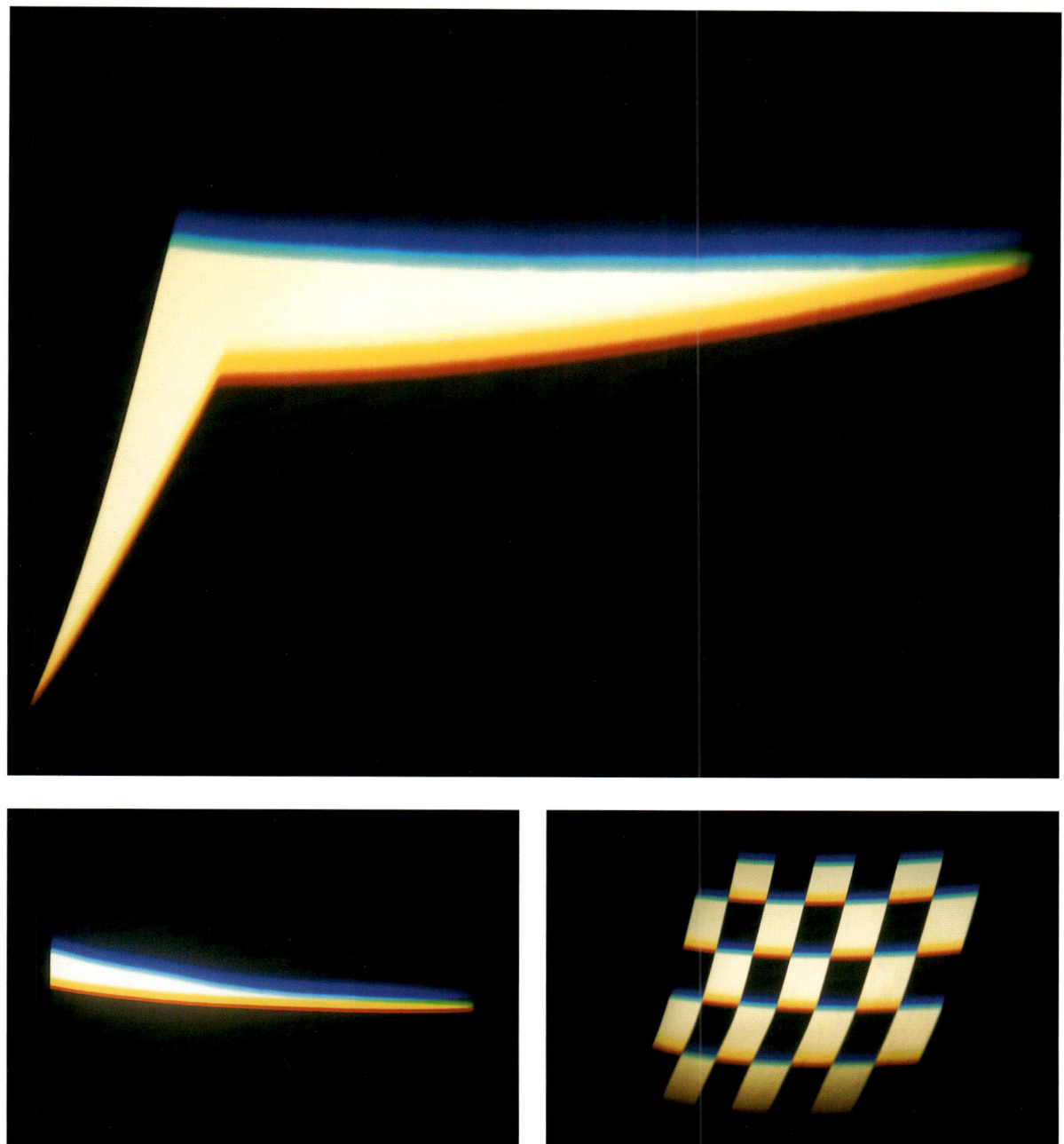

Durch Wasserprismen geleitete projizierte Schwarz-Weiss-Dias werden an den Rändern farbig.

Violett – Blau – Weiss

Vor uns haben wir ein schwarz-weisses Bild, unten schwarz, oben weiss. Wir schauen es durch ein Prisma an. Durch das Prisma wird das Bild nach unten verschoben und der klare Schwarz-weiss-Kontrast verwischt. Das obere helle Trübe schiebt sich über das untere Dunkle. Es entsteht aufgehellte Dunkelheit. Dort, wo sich nur wenig aufgehellte Trübe über das Dunkle legt, erscheint ein schöner breiter Streifen Violett. Weiter oben ein schmaler dunkler Streifen Blau, das sich nach oben in Hellblau und Weiss auflöst. Wir erkennen das gleiche Urphänomen wie beim Blau der Kerze, des Himmels und des Sees. Die erste Aufhellung aus dem Dunkel können wir als ein schönes Violett wahrnehmen.

Mit blossen Augen angeschaut.

Durch das Prisma angeschaut.

Gelb – Orangerot – Schwarz

Vor uns haben wir ein weiss-schwarzes Bild, unten weiss, oben schwarz. Wir schauen es durch ein Prisma an. Durch das Prisma wird das Bild wieder nach unten verschoben und der klare weiss-schwarze Kontrast verwischt. Das obere dunkle Trübe schiebt sich über das untere Helle. Es entsteht abgedunkelte Helligkeit. Dort, wo sich nur wenig dunkle Trübe über das Helle legt, erscheint ein helles Gelb; dort wo die Helligkeit intensiver abgedunkelt wird, entsteht Orange und Orangerot. Das Verglimmen des Orangeroten im Dunkeln folgt sofort. Das dunkle Trübe hat das Helle in Schwarz verwandelt. Der gelbrote Rand ist ein Abbild des Sonnenunter- oder -aufgangs. Hier erleben wir den Abend- oder Morgenhorizont, jedoch auf den Kopf gestellt.

Mit blossen Augen angeschaut.

Durch das Prisma angeschaut.

Grün

Die Farbprozesse aus dem Licht und die Farbprozesse aus der Dunkelheit verbinden sich im neuen Grün. Grün ist die Mittlerin zwischen Licht und Dunkelheit.

Entstehung des Grüns

Vor uns haben wir wiederum ein schwarz-weisses Bild. Ein schmaler weisser Streifen wird oben und unten von Schwarz begrenzt. Wir verschieben das Bild wiederum mit dem Prisma nach unten. Verschieben wir es so weit, dass gerade noch etwas Weiss inmitten der farbigen Ränder bleibt, sehen wir oben die Farben der abgedunkelten Helligkeit (Gelb, Orangerot), unten die Farben der aufgehellten Dunkelheit (Blau, Violett). Wenn sich oben das obere helle Gelb über das untere helle Blau schiebt, entsteht eine neue Farbe: Grün. Hier als Abdunkelung des weissen Streifens.

Wir haben nun die Farbprozesse aus dem Licht und die Farbprozesse aus der Dunkelheit im Grün verbunden. Grün ist hier die Mittlerin zwischen Licht und Dunkelheit. Ein polarer Farbprozess ist zur Ruhe gekommen, hat seine Mitte gefunden. Genau dasselbe sehen wir im Regenbogen.

Mit blossen Augen angeschaut.

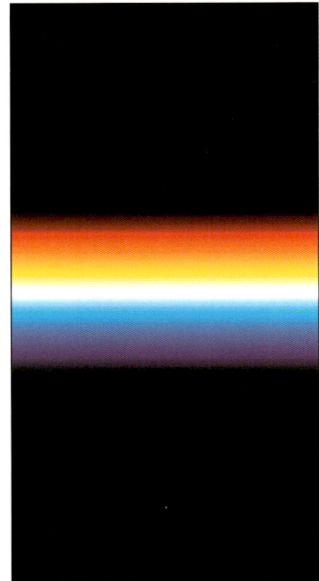

Etwas gebeugt.

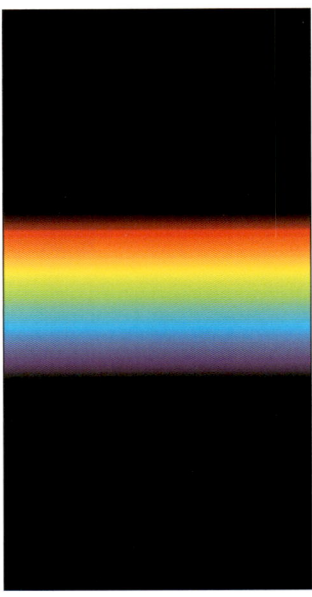

Sehr stark gebeugt.

Der Regenbogen

«Am farbigen Abglanz haben wir das Leben.»

J. W. Goethe

Die Sonne in meinem Rücken, der Schatten meines Kopfes vor mir, betrachte ich den Regenbogen. Innerhalb des Regenbogens ist es ganz hell, aussen dunkel. Aus dem äusseren Dunkel kommt dunkles Orangerot, dann Gelb. Aus dem inneren Hellen kommt Violett, dann Blau. In der Mitte aber – die zwei Farbenwelten verbindend – ist das Grün.

Als Gott genug hatte von der Menschheit, ertränkte er die ganze Welt in der Sintflut. Nur das, was in der Arche Noah auf dem Berg Ararat gerettet wurde, überlebte. Da schloss Gott einen neuen Bund mit den Menschen, und als Zeichen der Versöhnung schuf er den Regenbogen.

Das Betrachten des Regenbogens, sei es durch ein Prisma, in einem Wasserstrahl bei Sonnenschein im Garten oder nach einem Gewitter an der sonnenbeschienenen Regenwand, stimmt immer versöhnlich.

Wenn wir von einem Berg, vom Flugzeug oder von einer Leiter aus den Regenbogen betrachten, dann

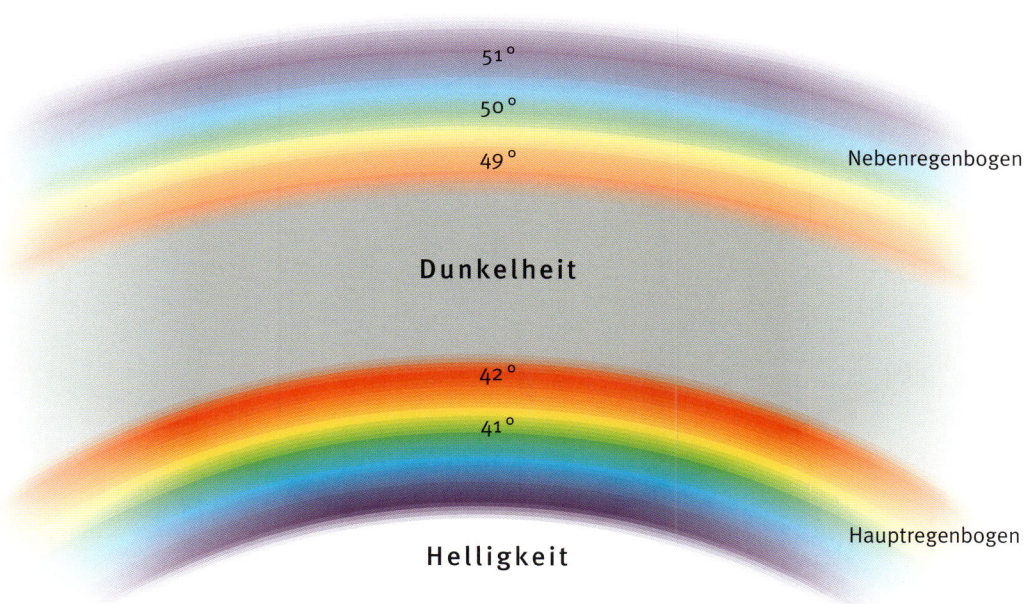

Der Regenbogen ist die einzige Imagination, die wir mit den Augen sehen können.

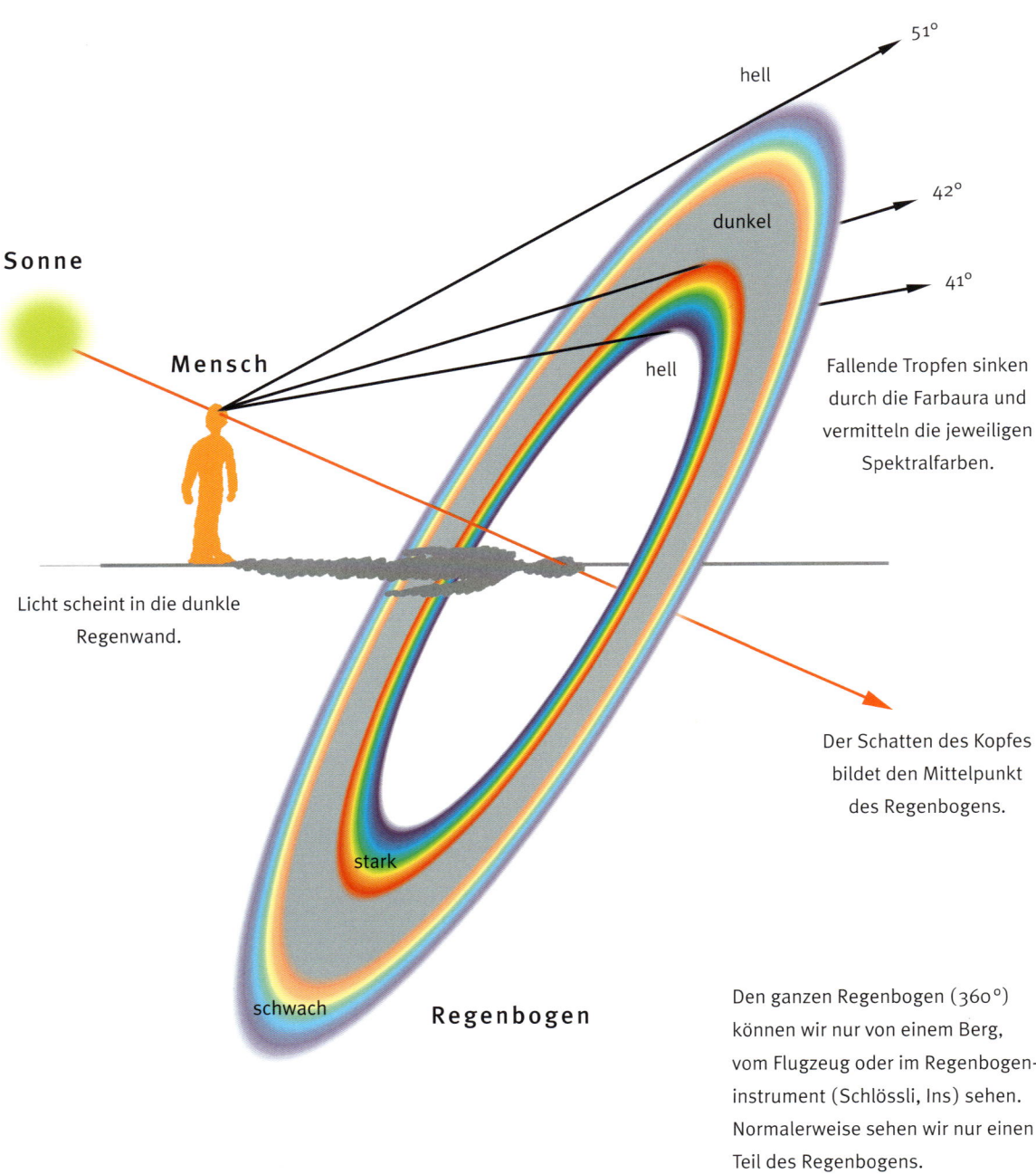

Sonne

Mensch

hell

51°

dunkel

42°

41°

hell

Fallende Tropfen sinken
durch die Farbaura und
vermitteln die jeweiligen
Spektralfarben.

Licht scheint in die dunkle
Regenwand.

Der Schatten des Kopfes
bildet den Mittelpunkt
des Regenbogens.

stark

schwach

Regenbogen

Den ganzen Regenbogen (360°)
können wir nur von einem Berg,
vom Flugzeug oder im Regenbogeninstrument (Schlössli, Ins) sehen.
Normalerweise sehen wir nur einen
Teil des Regenbogens.

Das Regenbogeninstrument.

sehen wir ihn als einen geschlossenen Kreis, mitten drin der Schatten unseres Kopfs.

Übrigens sieht jeder Mensch seinen eigenen Regenbogen (Näheres dazu unten). Der Regenbogen ist die einzige Imagination, die wir mit den Augen sehen können.

Regenbogeninstrument

Der Regenbogen entsteht nur, wenn die Sonne in einen Regenvorhang hineinstrahlt. Dort, wo der Schatten meines Kopfes hinfällt, ist das Zentrum meines individuel-

Das Regenbogeninstrument.

len Regenbogens. Ist die Regenwand weit entfernt, so ist der Regenbogen riesig gross, je näher sie ist, desto kleiner, aber auch vollständiger (kreisrunder) ist er. Die meisten von uns haben einen Teil eines Regenbogens auch schon in einem Wasserfall, in einer Wasserfontäne oder beim Spritzen mit einem Wasserschlauch gesehen. Davon ausgehend haben wir in der Bildungsstätte Schlössi Ins ein Regenbogeninstrument gebaut, das bei guten Verhältnissen einen ganzen Regenbogen erscheinen lässt, nämlich den ganzen Kreisbogen (360°).

An einer drehbaren senkrechten Stange (250 cm) ist waagrecht ein Rohr befestigt, aus dessen Düsen Wasser senkrecht nach unten versprüht wird. Steht die Sonne nicht zu hoch (morgens, abends, Frühling, Herbst) und befinde ich mich so nahe wie möglich an dieser künstlichen Regenwand, sehe etwa 45 Grad von meinen Augen nach oben, unten rechts und links an der Regenwand den ganzen Kreis des Regenbogens. Zentrum des Regenbogenkreises ist immer der Schatten meines Kopfes.

Die Wasser sprühende Stange kann so gedreht werden, dass sie immer möglichst rechtwinklig zum einfallenden Sonnenlicht steht. Dieses künstlich erzeugte Phänomen kann in seltenen Fällen als das natürliche Phänomen des «Brockengespensts» beobachtet werden, wenn man auf einem Berg steht und sich gerade unterhalb ein Nebelmeer befindet. Auch beim Fliegen, wenn man den Schatten des Flugzeugs (Schatten des eigenen Kopfes) auf den Wolken dahineilen sieht, lässt sich dieses Phänomen entdecken: Darum herum erscheint ein vollständiger Regenbogenkreis.

Das Auge oder die subjektive Objektivität des Regenbogens

Wenn ich den Regenbogen zum Beispiel in einem Wasserfall sehe und mich etwas bewege, bewegt sich der Regenbogen mit. Wenn ich meine Mitbeobachter frage, wo sie den Regenbogen sehen, dann zeigen sie an eine andere Stelle als jene, wo ich ihn sehe. Jeder sieht seinen eigenen Regenbogen. Es ist also subjektiv, vom eigenen Auge ausgehend.

Als subjektiv wird oft etwas bezeichnet, was nicht objektiv, sprich nicht wissenschaftlich allgemein gültig ist. Dem kann, muss aber nicht so sein. Wenn ich genau beobachte, wo und wie ich den Regenbogen sehe, komme ich schnell zu objektiven, das heisst allgemein gültigen Gesetzen. So sehe ich etwa den Schatten meines Kopfes immer inmitten «meines» Regenbogens. Der Winkel zwischen der Achse Sonne – Kopf – Kopfschatten und dem von mir wahrgenommenen Hauptregenbogen beträgt etwa 42 Bogengrade. Innerhalb des

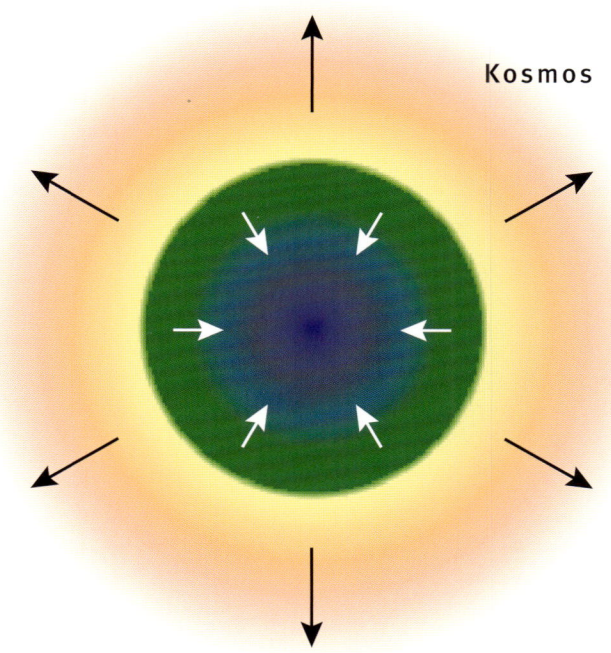

Pflanzendecke der Erde zwischen Kosmos (Sonne, Mond, Sterne) und Erdmittelpunkt (Mineralreich).

Regenbogens ist es heller, fast weisslich. Der Regenbogen beginnt innen mit Violett, dann folgen nach aussen Blau, Grün, Gelb und Orangerot. Den Nebenregenbogen sehe ich etwa 51 Bogengrade ausserhalb der Sehachse mit den Farben in umgekehrter Reihenfolge.

So kann jeder, wenn er exakt beobachtet, die gleichen optischen Gesetze vorfinden. Und doch ist dies so nur subjektiv zu sehen. Keiner kann es für den andern tun. Dies ist subjektive Objektivität.

Wenn ich bei Sonnenuntergang im Meer schwimme, bade ich in den Glitzerfluten einer wunderbaren Sonnenbahn. Wenn ich von der Sonne weg gegen die brandenden Wellen schaue, sehe ich momentweise ebenfalls dieses Sonnenband. Die Sonne kommt zu mir und

lässt mich in ihren Strahlen baden. Ich bin tief betroffen von dieser Vereinigung der Sonne mit mir selbst. Ich möchte sagen: nicht Ich, sondern Sonne in mir – eine tief mystische Erfahrung!

Meine Liebe zur Sonne wird grenzenlos, und ich verliere mein Ich dadurch nicht. Meine Liebe zur Natur wird so zur Liebe zum Ich der Gottheit, zur Objektivität, die wiederum allen Menschen zugänglich ist, wenn sie ebenfalls bei Sonnenuntergang baden. Jeder Mensch badet dann in seinem subjektiven Sonnenweg. Und jeder Mensch ist dann, wenn er ein liebendes Herz hat, in seinem tiefsten Inneren persönlich, subjektiv betroffen durch seine Sonne, die objektiv für jeden Menschen den Weg bereitet.

Ich fahre nachts im Zug, schaue zum Fenster hinaus. Plötzlich schauen mich zwei Augen an, das Spiegelbild einer mitfahrenden Person. Ich sehe das Gesicht an der Stelle, wo die andere Person mich sieht, subjektiv - objektiv nach optischen Spiegelgesetzen. Das ist wiederum die Verschmelzung von Ich und Du, von Ich und Welt.

Diese subjektive Objektivität besagt, dass mein Auge, wenn es als Organ belehrt wurde, imstande ist, sich der Welt gegenüber so zu verhalten, dass es sich verbindet und doch frei von der Welt bleibt.

Es ist das Ich, das im Auge sieht. Wenn das Ich liebend ist, wird es sich auch mit der Welt verbinden und kommunizieren können. So giessen wir – wie Albert Steffen es in seinen Tagebüchern beschreibt – «unser Ich in alle Gesetze der Natur. Stein, Pflanze und Tier bekommen Ich-Bewusstsein in uns. Auch die Sterne, die Welten. Von einer subtilen Ich-Erlebung gehen wir zur anderen über. Wir dürfen keine Pause machen. Immer müssen wir schaffen an der Ich-Werdung der ganzen Welt. Der ganze Makrokosmos muss als Ich in uns erlebt werden» (Goetheanum 50/1999). Naturerlebnisse

Darstellung der «Geheimen Figuren der Rosenkreuzer» (aus: Viktor Stracke, *Das Geistgebäude der Rosenkreuzer*, 1993).

Die Pflanzenwelt ist grundsätzlich grün, sie blüht jedoch in allen Farben auf.

als mystische Tatsachen. Wir können davon berichten, doch jeder, der an diesem mystischen Erlebnis teilhaben will, muss es selber tun. Mystisches Erleben kann auch konkret subjektive Objektivität heissen. Es ist eine Naturbegegnung, bei der das Ich an der Erforschung der Welt teilhat.

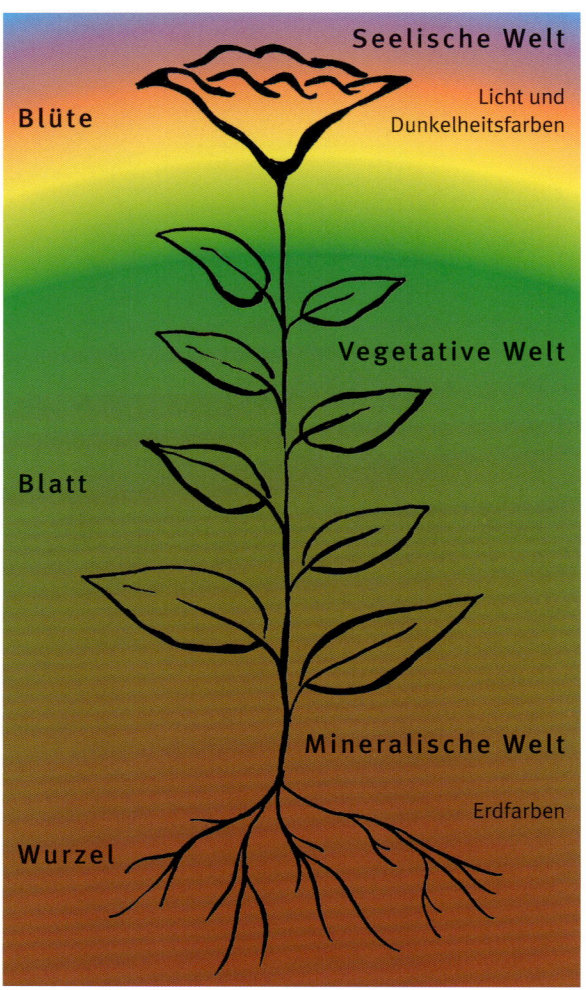

Die Pflanze zwischen Himmel und Erde.

Das Pflanzengrün

Warum ist die Pflanze grün? Auch sie verbindet zwei Welten: Die dunkle Erdenwelt mit der sonnenhaften Himmelswelt. Sonnen- und Erdmittelpunkt als zwei Orientierungszentren der geotrophen (Wurzel) und heliotrophen (Stengel) Pflanzenzellen.

Rot-Gelb-Licht, also Lichtfarben, steigern bei den Pflanzen das Stengelwachstum. Das Blau-Violett-Licht, also Dunkelheitsfarben, bremsen es und fördern die Wurzelentwicklung.

Das flächige grüne Blatt als Mittler dieser Licht- und Dunkelheitswelten: Die ganze Erde bildet in den vegetativen Zonen das Pflanzengrün, das als Chlorophyll in diesem Licht-Finsternis-Prozess zwischen Erdmittelpunkt und Kosmos vermittelt.

Wie ist es mit den farbigen Blüten? Dort wächst die Pflanze selbst über das vegetative Pflanzendasein hinaus in eine höhere, seelische Innerlichkeit, wie es Knospen und Blütenformen zeigen. Das Pflanzengrün bildet die vegetative Basis zur eigentlichen seelischen Farbigkeit der Blüten.

Grün als Urbild der Versöhnung

Grün wird von Hildegard von Bingen als Christusfarbe bezeichnet. Maria Magdalena sieht am Ostermorgen den Auferstandenen als Grünen, als Gärtner. Christus als Sohn Gottes, als Ver-söhn-er zwischen Gott und den Menschen. Grün also auch hier als Vermittler zweier Welten.

In der alchemistischen «Tabula smaragdina», der grünen Tafel, wird das Prinzip der Entsprechung zwischen Mikrokosmos und Makrokosmos gepriesen.

Bei der Farbe Grün können wir am meisten Töne differenzieren: vom fast noch gelben Grün der Frühlingsblätter über das satte Grün der Wiesen im Sommer bis zum dunklen Tannengrün im Winter und darüber hinaus in das ambivalente Blaugrün des Türkis. Ureinwohner der Regenwälder unterscheiden Hunderte von Grün in der Pflanzenwelt.

Das Grün als das Ruhende, aber zugleich auch in das lichte Gelb und in das dunkle Blau sich Bewegende gibt dem Farbenkreis den irdisch-lebendigen Pol.

Auch in den Spektralfarben nimmt es die mittlere Stellung zwischen dem langwelligen Orangerot und dem kurzwelligen Violett ein.

Radiowellen   Mikrowellen   Infrarotstrahlen   **Sichtbares Licht**   Ultraviolettstrahlen   Röntgenstrahlen   Gammastrahlen

Das elektromagnetische Spektrum

Es besteht aus einer zusammenhängenden Palette von Strahlungen, die von Gammastrahlen bis Radiowellen reichen. Nur ein kleiner Teil dieser Energien – das siebenfarbige Spektrum des natürlichen Tageslichts – ist für uns sichtbar. Das elektromagnetische Spektrum ist wie die Regenbogenschlange eine tiefgründige Metapher für die Einheit zwischen der fassbaren und der unfassbaren Welt. Die Regenbogenschlangen ist das erste kosmologische Modell für die spektrale Ordnung der universellen Energie (aus: Lawlor, *Am Anfang*).

Wärme und Licht

«Wer durch das Tor der Geburt
In die Sinneswelt eintritt, erblickt

   das Licht.

Am Ende des Erdenlebens,
nach dem Tod, erwartet uns
das Fegefeuer,

   die Wärme.»

Bodo Hamprecht

Die Wärme ist wie das Licht nicht unmittelbar wahrnehmbar. Erst durch die Gegenstände werden sie vermittelt, wahrnehmbar. Wärme und Licht bedürfen der Materie, um sich zu manifestieren.

Wärme entsteht seelisch durch Begeisterung, Liebe, Zorn, Mut. Wärme bringt etwas in Bewegung, ist Voraussetzung für eine menschliche Beziehung. Rudolf Steiner beschreibt in der Geheimwissenschaft, wie die Wärme gewissermassen die Ursubstanz der Schöpfung (auf dem «alten Saturn») ist. Erst durch die Neuschöpfung auf der «alten Sonne» entsteht Licht. Zuerst Wärme, dann Licht. Auch in den warmen gelb-orangeroten und den kalten violett-blauen Farben zeigt sich das Wärmeelement. Seelisch bedeutet Licht Denken, Bewusstsein, Klarheit, Erleuchtung, Wahrheit.

Die Spektralfarben gehen vom warmen Infrarot über das Orangerot zum kalten Violett ins Ultraviolett.

Wellenlänge der Farben

langwellig						kurzwellig
Infrarot	Orangerot	Gelb	Grün	Blau	Violett	Ultraviolett
Wärme	450	500	550	600	750	Kälte

Radiowellen		Billionen Schwingungen				Röntgenstrahlen
Töne		pro Sekunde				Radioaktive
		0,000550 mm Wellenlänge				Strahlen

Licht: sowohl Welle als auch Korpuskel.

Purpur

Purpur als Königsfarbe im Sinne hierarchischer Ordnung. Der Farbkreis bekommt im Purpur den geistigen Pol. In der Purpurfarbe haben wir weder Gelb noch Blau und darum auch nicht Grün.

Die Entstehung des Purpurs

Vor uns haben wir wiederum ein schwarz-weisses Bild, diesmal mit einem schmalen schwarzen Streifen zwischen oberem und unterem Weiss. Wir beugen mit Hilfe des Prismas das Bild nach unten:

Beugen wir das Bild nur gerade so weit, dass noch etwas Schwarz zwischen den farbigen Rändern bleibt, haben wir die lichten und dunklen Farbwelten noch getrennt. Beugen wir es aber so stark, dass das Schwarze durch Farbe ersetzt wird, dann entsteht als Aufhellung und Steigerung Purpur. Die Randfarben des Spektrums Orangerot und Violett vereinen sich in einer Addition oder Steigerung zum königlichen reinen Purpur, auch Rosa, Pink, Pfirsichblut, Inkarnat und in der Fachsprache Magenta genannt. Purpur krönt den Farbenkreis als Polarität zum irdischen Grün. In den Frühlingsknospen kommt der lichte Purpur oft vor. So wie das Grün

Mit blossen Augen angeschaut.

Etwas gebeugt.

Sehr stark gebeugt.

Abendrot gegen Westen (Jura), von Ins aus gesehen, das sich bis zum Purpur steigert.

die Licht- und Dunkelheitsprozesse im Hellen zur abgedunkelten Ruhe bringt, haben wir im Purpur die Zusammenfassung und Steigerung dieser Farbbewegungen. Bildet das Grün einen stabilen irdischen Pol, so gipfelt der reine Purpur als vergeistigte Farbe auf einsamer labiler Höhe. Purpur kann, mit Gelb vermischt, wieder ins warme Orangerot hinuntersteigen oder, mit Blau verbunden, die violettblauen Farbtöne hervorbringen.

Purpur steht über den Spektralfarben; er ist also keine Regenbogenfarbe, er-gänzt jedoch den noch nicht vollständigen Farbenkreis zur Ganzheit.

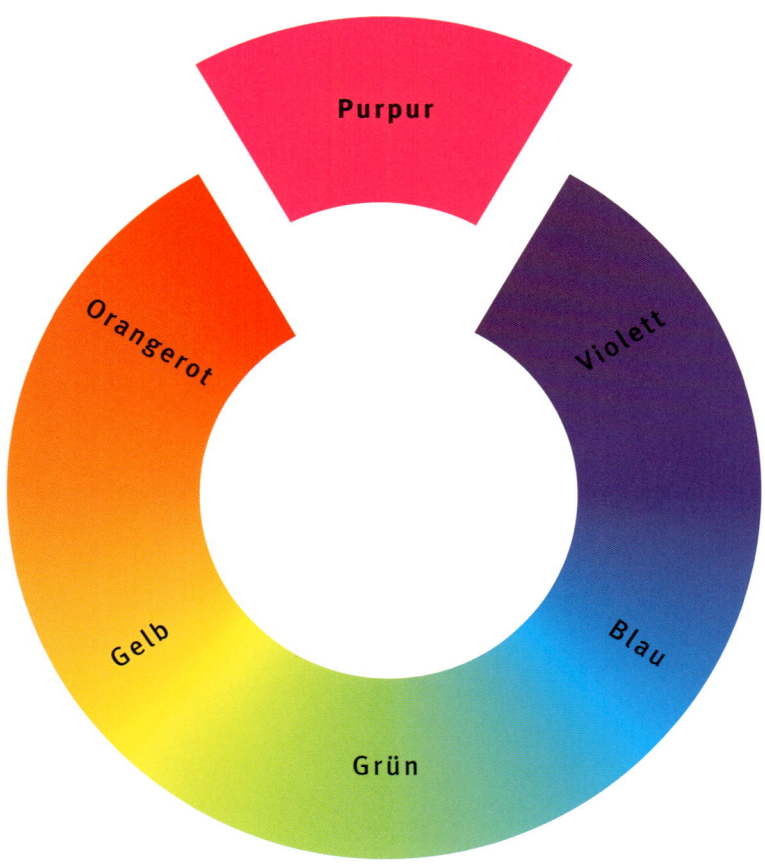

Purpur ist nicht in den Spektralfarben enthalten. Es steht über den Farben. Es ist das Rein-Reine (pur-pur).

Oft ist in der Natur gerade Grün und Purpur nahe beisammen.

Purpur als Königin der Farben

Purpur kann im Sinne hierarchischer Ordnung als Königsfarbe bezeichnet werden. Im Purpur ist, wie gesagt, weder Gelb noch Blau und darum auch nicht Grün enthalten, jedenfalls nicht als Mischung. Purpur thront über allen Farben. Er ist die Steigerung und Vergeistigung aller Farben. Der Farbkreis bekommt im Purpur den geistigen Pol.

Physikalisch gesehen, ist Purpur eine Addition der spektralen Randfarben Orangerot und Violett. Er überwindet in sich das Dunkle durch das Dunkle (der schwarze Mittelsteg wird durch Purpur ersetzt). Purpur entsteht durch Überwindung und Integration des Dunklen.

Purpur heisst eigentlich rein-rein (französisch pur = rein). In der purpurnen Rose der Alchemisten bildet er die Quintessenz über den vier Elementen Erde, Wasser, Luft und Feuer.

Farbenkreis

Eine beliebte Form, die Totalität der Farben darzustellen, ist der Farbenkreis. Hier werden drei solche Farbenkreise dargestellt, nämlich jener von Johann Wolfgang Goethe, der aus diesem hervorgegangene und weiterentwickelte von Rudolf Steiner und der des modernen Farbenforschers Harald Küppers. Wir entnehmen diesen Farbenkreisen nur gerade die Aspekte, die für diese Darstellung sinnvoll sind.

dernen Farbenlehre entnommen. Sie sind eigentlich streng genommen nicht goethisch, weil sie nur mit dem Licht als schaffender Macht rechnen. Doch zeigen sie, dass Addition immer in die Richtung zum Weissen, zum Licht und Subtraktion in die Richtung zum Schwarz, zur Dunkelheit geht.

Der Goethe-Farbenkreis

Die eigentliche Leistung J. W. Goethes ist der Miteinbezug von Purpur. Purpur ist nicht nur die Ergänzung zu Grün, sondern wird auch in der Position ganz oben als Steigerung aller Farben dargestellt. Das hierarchische Prinzip, das die innere Bedeutung der Farbe charakterisiert, soll ein wichtiges Gestaltungselement sein. Farbenkreise, die Purpur nicht an die oberste Stelle setzen, werden der Sonderstellung des Purpurs nicht gerecht.

Interessant ist, dass Purpur in der Physik durch Addition von Orangerot und Violett hergestellt wird oder eben prismatisch aus dem schwarzen Balken durch Aufhellung entsteht.

Grün entsteht durch Mischung von Gelb und Blau im Weissen. Es geschieht eine Subtraktion, also eine Abdunkelung.

Auch hier begegnen wir wieder dem goetheschen Urphänomen, dass Farben durch Prozesse aus der Dunkelheit oder aus dem Licht entstehen.

Die Begriffe Addition und Subtraktion sind der mo-

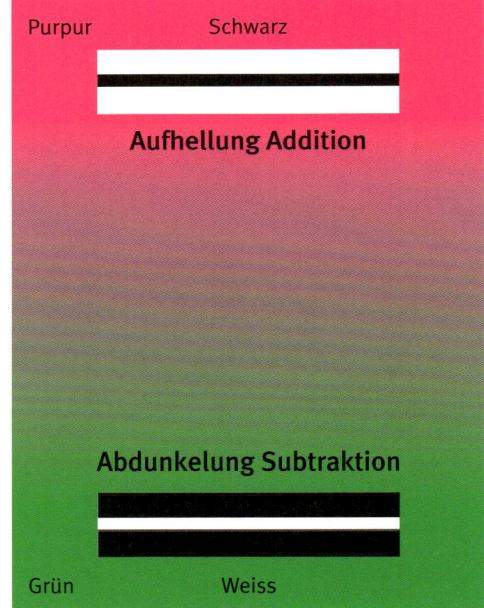

Purpur entsteht durch Aufhellung der Dunkelheit:
dunkler Steg, durchs Prisma geschaut.
Grün entsteht durch Abdunkelung der Helligkeit:
heller Steg, durchs Prisma geschaut.

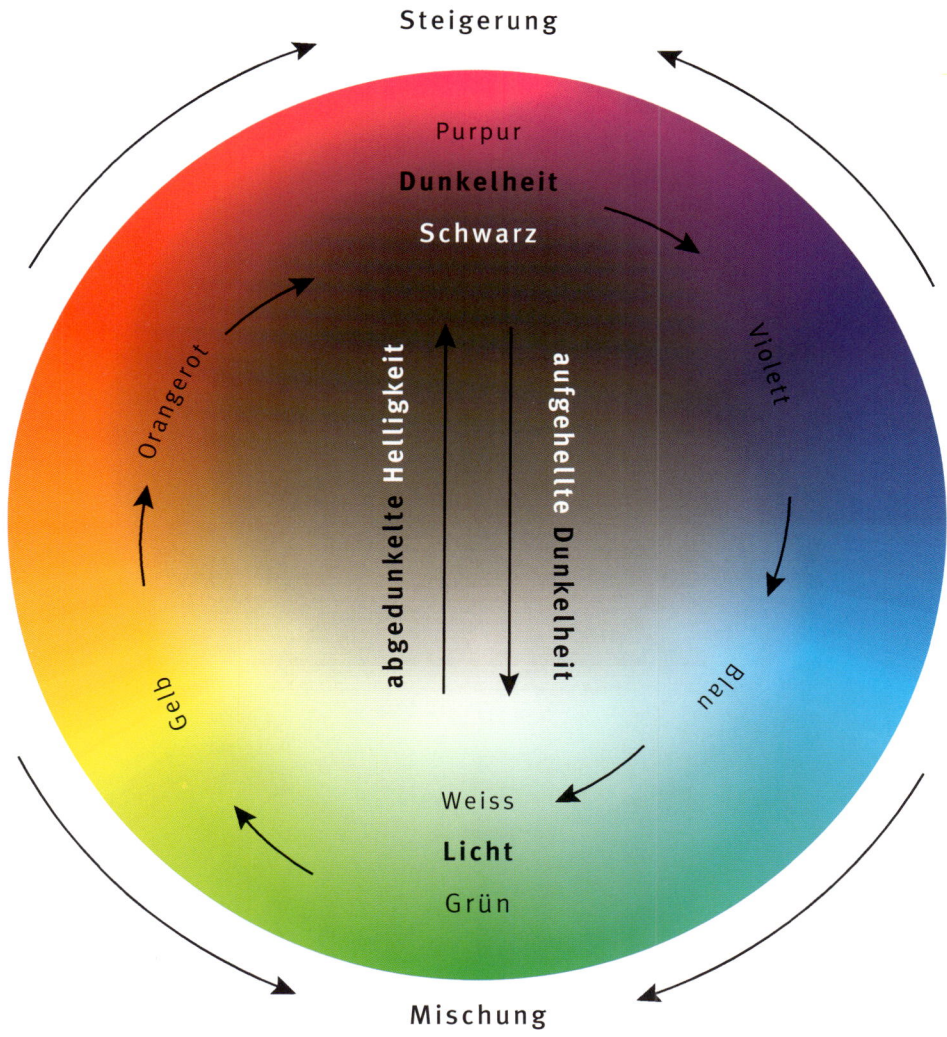

Steigerung

Purpur

Dunkelheit

Schwarz

Violett

Orangerot

abgedunkelte Helligkeit

aufgehellte Dunkelheit

Gelb

Blau

Weiss

Licht

Grün

Mischung

J. W. Goethe zeigt die Farben aus den Prozessen aus der
Dunkelheit und dem Licht und ihre Begegnung in der Mischung
(Grün) und Steigerung (Purpur).

Glanz- und Bildfarben

Rudolf Steiner nennt die Farben, die prozesshaft aus dem Licht oder der Dunkelheit stammen, also Gelb-Orangerot und Violett-Blau, Glanzfarben. Aus ihnen glänzt noch die schaffende Kraft des Lichts oder der Dunkelheit.

Dort aber, wo die Farben in einen Endpunkt wie bei Schwarz und Weiss, in eine ruhende Mischung wie beim Grün oder in eine geläuterte Steigerung wie beim Purpur gebracht werden, spricht Rudolf Steiner von Bildfarben. Sie sind ein Bild oder Abbild von etwas.

Die zweimal vier Farben sind phänomenologisch, aber auch geisteswissenschaftlich polar: So wird Prozesshaftes (Glanzfarben), mit den beweglichen Planeten vergleichbar, durch die erstarrten Endpunkte (Bildfarben), analog den Sternbildern der Fixsterne, ergänzt.

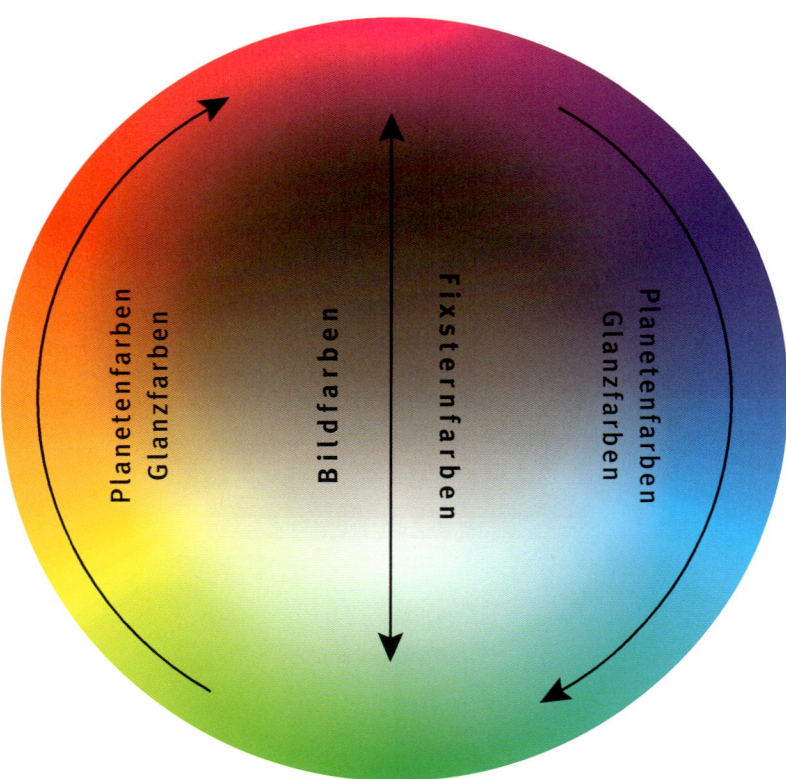

Farbenkreis von Rudolf Steiner.

Glanz- und Bildfarben nach Rudolf Steiner

Glanzfarben

Gelb-Orangerot

Violett-Blau

Sonne

Sie erglänzen.

Durch sie leuchtet

Licht und Finsternis.

bewegend

Planeten

Bildfarben

Schwarz und Weiss

Purpur und Grün

Mond

Sie bilden ab.

Sie haben etwas

Schattiges in sich.

statisch

Fixsterne

Glanzfarben

Gelb ist Glanz des Geistes.

Orangerot ist Glanz des Lebendigen.

= strahlender Glanz

Violett ist Glanz der Wandlung.

Blau ist Glanz des Seelischen.

= saugender Glanz

Bildfarben

(Licht)

Weiss	Das seelische Bild des Geistes
Purpur	Das lebendige Bild des Seelischen
Grün	Das tote Bild des Lebendigen
Schwarz	Das geistige Bild des Toten

(Dunkelheit)

Evolution

Alter Saturn	*Alte Sonne*	*Alter Mond*	*Erde*
Wärme	Licht		
	Glanzfarben	Bildfarben	Erdfarben

Der Farbenkreis nach Harald Küppers

Harald Küppers gilt heute vor allem in Deutschland als der bekannteste Farbforscher, der vor allem für die technische Handhabung der Farben praktikable Lösungen gefunden hat. Harald Küppers' Farbenkreis steht nicht im Gegensatz zum goetheschen. Er geht ebenfalls von zweimal drei Farben sowie Schwarz und Weiss aus. Küppers, der zwar die goethesche Farbenlehre schnöde ablehnt, aber zum gleichen goetheschen Farbenkreis kommt, erklärt die Farben allerdings auf newtonsche Weise.

Er entwickelt die Farben aus den drei Urfarben Orangerot, Grün und Violett, die auch nach neuesten Forschungen sinnesphysiologisch im Auge begründet sind. Überhaupt fällt auf, dass sich die modernen Farbforscher zunehmend mehr für das Physiologische interessieren, also für das, was das Auge sieht, als für die Theorie des Lichts oder der Farbe. Was allerdings fehlt, ist das Wesenhafte, das dann auch zum Sinnhaften führen kann.

Küppers addiert die drei Urfarben zu den reinen Farben Purpur, Gelb und Cyanblau. Cyanblau ist der wissenschaftliche Name für das reine Blau (ohne Purpur- und Gelbanteil). Die Addition aller Farben ergibt Weiss, die Subtraktion aller Farben ergibt Schwarz.

Gelb steht in Küppers' Farbkreis zuoberst, weil es am hellsten ist und am meisten gegen Weiss geht. Violett ist die dunkelste Farbe.

Küppers überträgt dann die acht Farben auf einen Würfel, indem jeweils eine Ecke eine dieser Farben einnimmt. Er stellt den Würfel so auf eine Spitze, dass Schwarz unten ist und Weiss oben. Nun zieht er den Würfel noch zu einem Rhomboid auseinander. In dieser Weise entsteht ein Farbmodell, mit dem sämtliche Farbmischungen auf der Oberfläche und innerhalb des Rhomboids quantifiziert dargestellt werden.

Wichtig ist die Unterscheidung der zweimal drei Farben, der Urfarben (Violett, Grün, Orangerot) und der reinen Farben (Purpur, Gelb und Cyanblau).

Küppers' Farbmodell ist wirklich praktikabel. Was ihm jedoch fehlt, ist die goethesche Dimension des Sinnhaften.

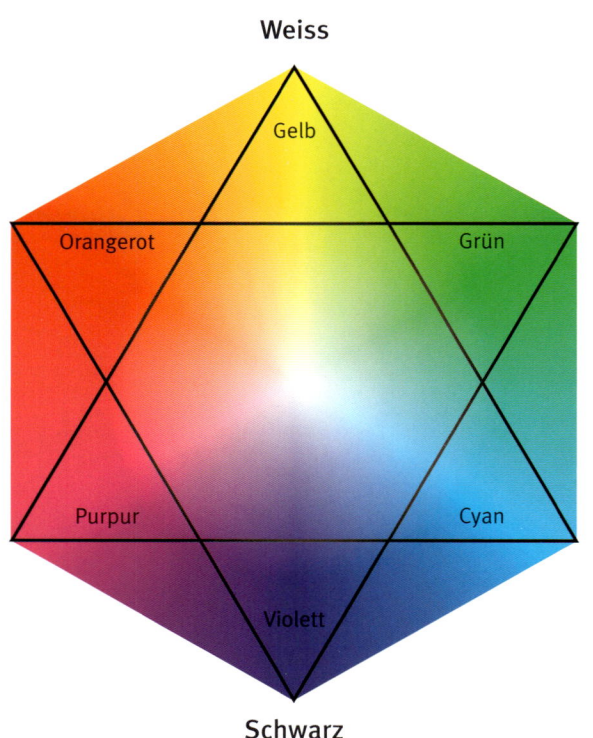

Die hellsten Farben sind zuoberst, die dunkelsten zuunterst.

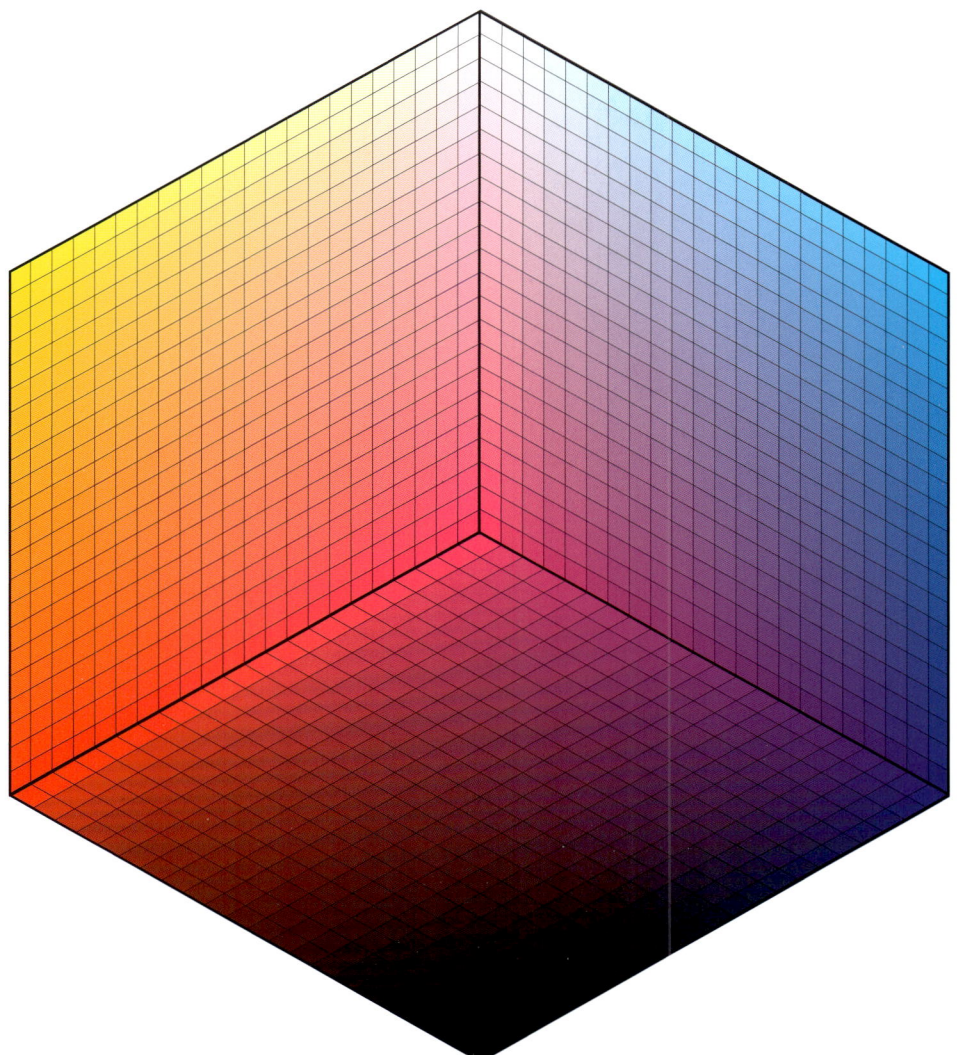

Der küppersche Rhomboeder. Auf einem (ausgezogenen) Würfel, der auf der Spitze steht, sind sämtliche Farben, auch Weiss und Schwarz, dargestellt. Sämtliche Mischungen, auch Grau- und Brauntöne sind an bestimmten geometrischen Orten auf der Oberfläche und im Inneren des Würfels definiert.

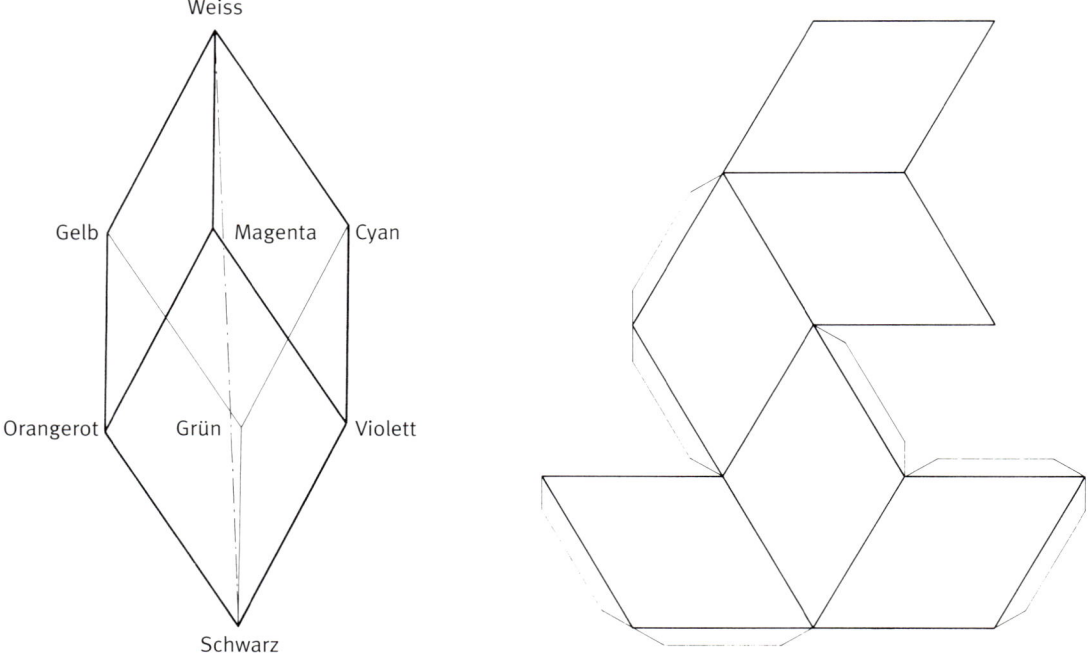

Weiss

Gelb   Magenta   Cyan

Orangerot   Grün   Violett

Schwarz

Rhomboeder mit senkrecht stehender Unbuntachse (links). Konturenzeichnung für Rhomboeder-Klebemodell (rechts). (Aus: Harald Küppers, *Das Grundgesetz der Farbe*, 1978.)

Selbst hergestellte bemalte Rhomboeder.

Caran-d'Ache-Farben
(Prismalo-Aquarellfarben)

Für den Laien ist es sinnvoll, zum Malen von Farb-
kreisen die entsprechenden Farben zur Verfügung zu
haben. Die Prismalo-Aquarellfarben von Caran d'Ache
sind besonders praktisch, da sie trocken aufgetragen
und dann mit einem Pinsel und Wasser aquarelliert
werden können.

Aus Dutzenden von Farben habe ich die zwölf Farben des Farbenkreises herausgesucht und im folgenden Farbenkreis zusammengestellt. Mit den Nummern
und den entsprechenden Namen kann man sie im
Fachhandel einzeln bestellen.

Pflanzenblüten und -blätter zu einem Farbenkreis arrangiert.

Ein Farbenkreis mit Naturmaterialien

In meinen Farbkursen sind die Teilnehmer oft am meisten beeindruckt von dem mit Naturmaterialien (Blüten,
Blätter, Holz, Steine) gelegten Farbenkreis. Das Suchen
und Ordnen von Naturfarben ist fast ein Ritual und er-
freut das Auge umso mehr, wenn es zu einer wahren
Augen-Weide wird.

Je nach Jahreszeit und Ort ergeben sich immer wieder andere Nuancen.

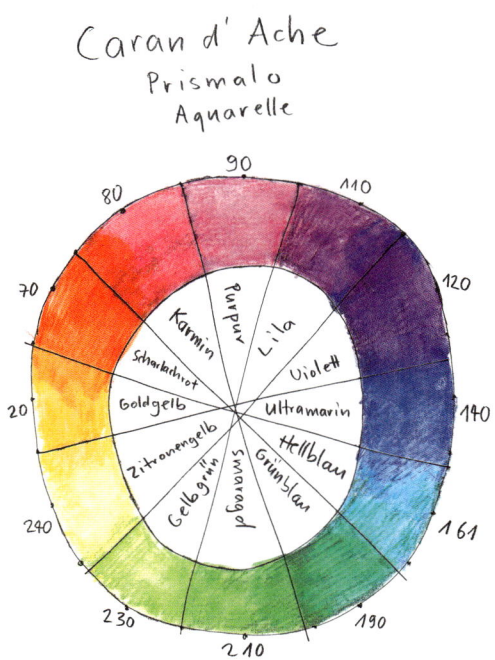

Die ausgewählten Prismalo-Farben (Nummern) ergeben
einen schönen Farbenkreis.

Die drei Urfarben

In gewissem Sinne sind Orangerot, Violett und Grün die Urfarben. Schon Aristoteles bezeichnete sie als Urfarben. Diese drei Farben strukturieren den Regenbogen: Orangerot und Violett begrenzen ihn und Grün bildet die Mitte. Orangerot und Violett grenzen bei der Abdunklung des Lichts und bei der Aufhellung der Dunkelheit an die Finsternis.

Orangerot, Violett und Grün sind in einem gewissen Sinne die Urfarben und wurden schon von Aristoteles als diese bezeichnet. Die drei Farben unterteilen den Regenbogen: Orangerot und Violett begrenzen ihn, Grün bildet die Mitte. Orangerot und Violett grenzen bei der Abdunklung des Lichts und bei der Aufhellung der Dunkelheit an die Finsternis. Für den Bereich ausserhalb dieser Grenzen spricht man von Infrarot und Ultraviolett. Grün bildet im Zusammentreffen von Gelb und Cyanblau die ruhende Mitte. Die heutige Forschung geht davon aus, dass die Sehzellen auf Orangerot, Violett und Grün spezialisiert sind. Durch Addition dieser Farbqualitäten sieht der Mensch auch die anderen reinen Farben Gelb, Cyanblau und Purpur sowie ihre Mischungen.

Die drei Urfarben können auch durch das Prisma in einem weissen Streifen isoliert werden, wenn die Beugung so stark ist, dass Gelb und Blau verschwinden und nur noch Violett, Grün und Orangerot, eingebettet in die schwarze Dunkelheit, bleiben.

Mit blossen Augen angeschaut.

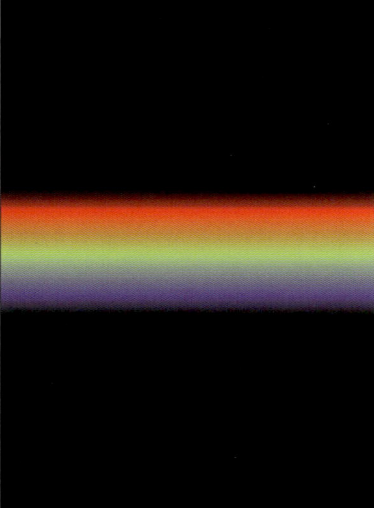

Sehr stark gebeugt.

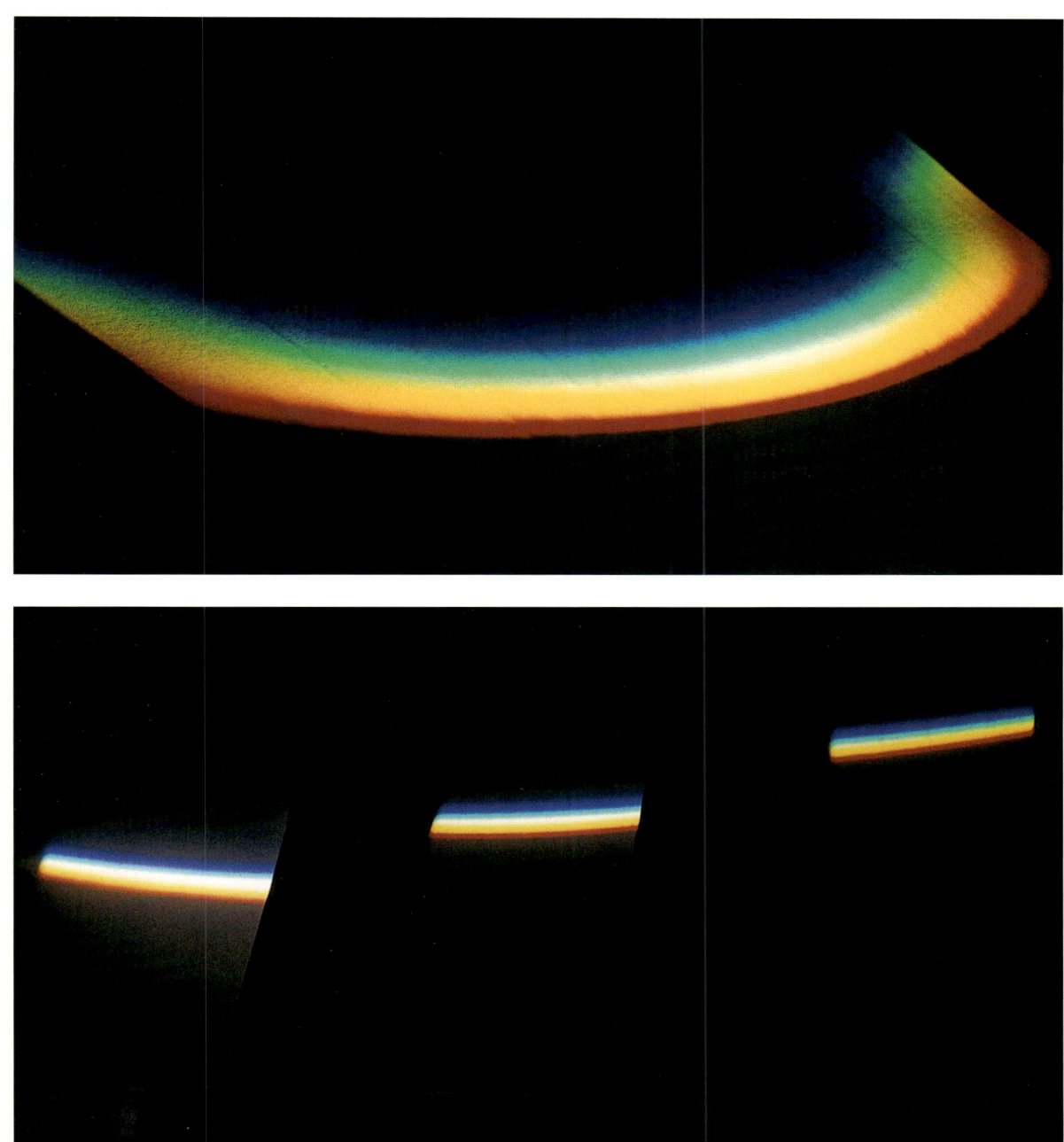

Objektive Prismaversuche mit hellem Steg.

Die reinen Farben

Purpur, Gelb, Cyanblau und Weiss

Orangerot und Violett ergeben reinen Purpur. Orangerot und Grün ergeben ein lichtes Gelb, Violett und
Grün ein helles Cyanblau – alle drei zusammen annähernd Weiss.

Die reinen Farben Purpur, Gelb und Cyanblau können
durch das Prisma in einem schwarzen Streifen isoliert
werden, wenn die Beugung so stark ist, dass Violett
und Orangerot verschwinden und nur noch die reinen
Farben übrig bleiben. Die Dunkelheit des Schwarz verschwindet. Die reinen Farben sind umrahmt vom hellen
Weiss.

Mit blossen Augen angeschaut.   Sehr stark gebeugt.

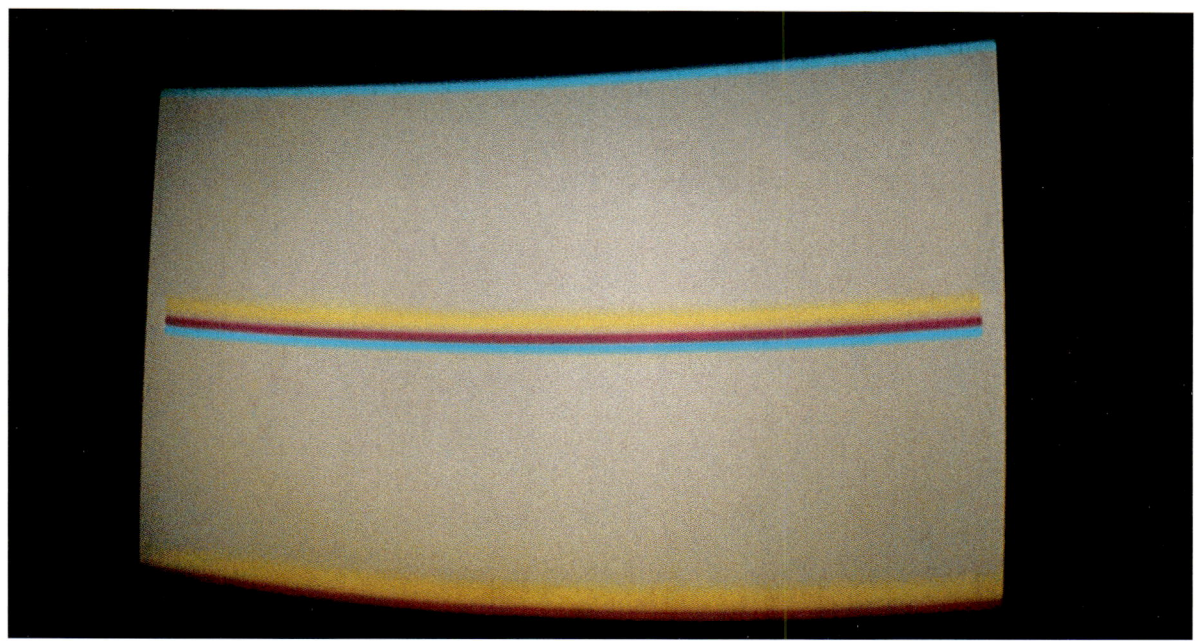

Objektiver Prismaversuch mit dunklem Steg.

Drei Projektoren mit Rotorange, Violett und Grün addieren
das Licht zu reinen Farben.

Jeweils zwei Farben werden mit eigener Lichtquelle aufeinan-
der projiziert. Die addierten Farben neutralisieren sich.

Die Entstehung von Purpur, Gelb, Cyanblau und Weiss durch Addition

Purpur, Gelb, Cyanblau und Weiss lassen sich optisch leicht «herstellen», indem die Urfarben Violett, Orangerot und Grün mit je einer eigenen Lichtquelle addiert werden.

Orangerot und Violett ergeben reinen Purpur. Orangerot und Grün ergeben ein lichtes Gelb, Violett und Grün ein helles Cyanblau – alle drei zusammen annähernd Weiss.

Projiziert man drei farbige Lichtquellen (drei Projektoren), so dass die Farbflächen eineinander überlappen, ergeben sich die reinen Farben (siehe Abbildung).

Neutralisierung durch Addition von polaren Farben

Um diese für den Laien erstaunliche Tatsache der Entstehung der reinen Farben durch Addition der Urfarben Orangerot, Grün und Violett zu verstehen, müssen wir einen Exkurs machen. Addieren wir im Farbenkreis die einander polar gegenüber liegenden Farben, so heben sie sich in ihrer Farbigkeit auf und werden neutralisiert, sie werden farblos, grau (Unfarbigkeit).

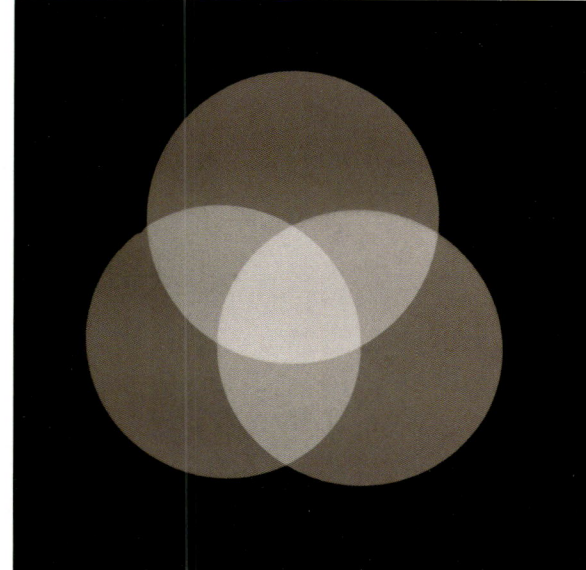

Verschiedene Additionen.

Die Entstehung der reinen Farben durch Addition

Diese Additionen und ihre Ergebnisse können durch Formeln erklärt werden. Je zwei Farben, die einander komplementär sind, verschwinden in Farblosigkeit, so dass nur noch eine Lichtfarbe übrig bleibt. Alle drei Lichtfarben addiert ergeben farbloses Licht, also Weiss.

Diese Farbgleichungen zeigen, wie die reinen Farben aus den zusammengesetzten Farben durch Addition von Lichtquantitäten entstehen. Die einander gegenseitig neutralisierenden Farben, die im Farbkreis einander immer gegenüberstehen, ergeben farbloses Licht, das heisst relatives Weiss. Jene, die übrig bleiben, sind die reinen Lichtfarben. Je mehr Lichtqualitäten zusammenkommen, desto heller oder weisser das Weiss, das zugleich ein ganz helles Grau ist.

Purpur, Gelb, Cyanblau und Weiss sind die eigentlichen Grundfarben, aus denen sämtliche anderen Farben durch Addition und Subtraktion entstehen. Im Weiss ist immer auch Dunkelheit (Grau) enthalten. Das weisseste Weiss kann immer noch weisser werden durch noch mehr Lichtquantitäten.

Orangerot	+ Violett			= Purpur
Orangerot	+ Cyanblau	+ Purpur		= Purpur
Neutralisierung	+ Purpur			= Purpur
			Purpur	= Purpur

Orangerot	+ Violett			= Purpur
Purpur	+ Gelb	+ Violett		= Purpur
Purpur	+ Neutralisierung			= Purpur
			Purpur	= Purpur

Orangerot	+ Grün			= Gelb
Orangerot	+ Cyanblau	+ Gelb		= Gelb
Neutralisierung	+ Gelb			= Gelb
			Gelb	= Gelb

Orangerot	+ Grün			= Gelb
Gelb	+ Purpur	+ Grün		= Gelb
Gelb	+ Neutralisiserung			= Gelb
			Gelb	= Gelb

Violett	+ Grün			= Cyanblau
Violett	+ Gelb	+ Cyanblau		= Cyanblau
Neutralisierung	+ Cyanblau			= Cyanblau
			Cyanblau	= Cyanblau

Violett	+ Grün			= Cyanblau
Cyanblau	+ Purpur	+ Grün		= Cyanblau
Cyanblau	+ Neutralisierung			= Cyanblau
			Cyanblau	= Cyanblau

Orangerot	+ Violett	+ Grün			= Weiss
Purpur	+ Gelb	+ Violett	+ Grün		= Weiss
Purpur	+ Grün	+ Gelb	+ Violett		= Weiss
Neutralisierung	+ Neutralisierung				= Weiss
				Weiss	= Weiss

Die zusammengesetzten Farben

Die zusammengesetzten Farben entstehen durch Subtraktion der reinen Farben Purpur, Gelb und Cyanblau sowie Weiss. Dies wird vor allem in der Buchdruckerkunst praktiziert. Es braucht mindestens die drei reinen Farben, um ein farbiges Bild zu drucken. Das Weiss des Papiers und das Schwarz des Drucks geben dem Bild Struktur.

Von Farbsubtraktion spricht man, wenn nur eine Lichtquelle besteht, also z. B. ein Projektor (Hellraumprojektor), ein weisses Papier als Unterlage des zu Druckenden. Die reinen Farben werden als Farbfilter übereinander gelegt, so dass eine Abnahme der Lichtquantität entsteht. Die Farben selbst werden nach wie vor addiert. Je mehr Farbfilter übereinander zu liegen kommen, desto dunkler werden sie. Wenn sie durch komplementäre Farben neutralisiert werden, entsteht ein Grau bis Schwarz.

In goethesche Begriffe gefasst, ist Subtraktion das Wegnehmen von Lichtquantitäten. Man könte es auch positiv als Addition der Dunkelheitsquantitäten bezeichnen.

Schwarz ist dasselbe wie ein dunkles Weiss. Je weniger Lichtquantität wir durch die Filter lassen, desto dunkler wird das Weiss, das wir auch als helleres, mittleres oder dunkleres Grau oder eben Schwarz identifizieren.

Entstehung der Brauntöne

Durch Subtraktion von Orangerot und Violett, Grün und Orangerot, Grün und Violett entstehen verschiedene Brauntöne.

Dunkler oder heller werden die subtraktiven Mischungen durch Beigabe von Weiss und Schwarz.

Gelb	+ Purpur	+ Cyanblau	= Schwarz
Orangerot	+ Cyanblau		= Schwarz
Neutralisierung			= Schwarz
		Schwarz	= Schwarz

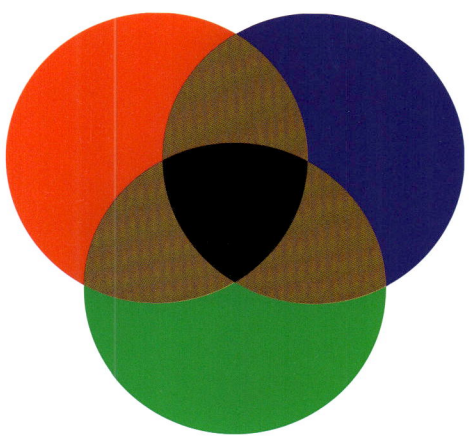

Mischungen (Subtraktion) von reinen Farben ergeben immer noch reine Spektralfarben.

Mischungen (Subtraktion) durch zusammengesetzte Farben ergeben gebrochene Farben (Brauntöne).

Subtraktionen ergeben Brauntöne.

Im Vierfarbendruck werden Cyan, Magenta, Yellow und Black übereinander gedruckt. Rechts die einzelnen Farbauszüge.

Sukzessiv- und Simultankontraste

Ein in der Farbenwelt erstaunliches und in der (Farb-) Wissenschaft nicht geklärtes Phänomen ist der Simultankontrast, der unmittelbar, im selben Augen-Blick als ergänzende Farbe erscheint. Dieses Phänomen kann gut in den so genannten farbigen Schatten beobachtet werden.

Bei den Sukzessiv- und Simultankontrasten begeben wir uns wiederum in das Schattige der Augenhöhlen, zu den Augen-Netzhaut-Farben, die wir in der absoluten Dunkelheit schon als Flimmern gesehen haben. Schauen wir einen Augenblick in ein helles Licht, zum Beispiel in die Sonne, und schliessen dann die Augen, können wir nun auf der Innenseite der Augenlider oder bei geöffneten Augen auch in die Aussenwelt projizierte Farben sehen. Die durch überhelles Licht gereizte Augennetzhaut reagiert auf die (zu) starke Wirkung des Licht-Eindrucks. Und zwar reagiert das Auge so, dass es durch entsprechende Farbreaktion die Überreizung zu neutralisieren, zu heilen versucht. Wunderbare, achathafte Farbringe entstehen, die sich stetig verwandeln, oft im komplementären Sinne wechseln und langsam kleiner werden.

Das Auge mag keine Einseitigkeiten. Es will stets eine Ganzheit. Wenn das Auge einseitige Farb- oder Lichteindrücke bekommt, reagiert es mit heilenden, ganz machenden Komplementärfarben.

Dabei ist zu unterscheiden zwischen nacheinander auftretenden Farben, also Sukzessivkontrasten, und gleichzeitig erscheinenden Farben, also Simultankontrasten.

Sukzessivkontraste

Farbkontraste, die als Farbreaktionen nach hellem Lichteindruck erscheinen, sind eine typische Verarbeitungsform (Heilung) der Netzhaut.

Wenn wir dem Auge nicht starke Lichteindrücke, aber lang andauernde einseitige Farbeindrücke zumuten, dann reagiert das Auge (die Netzhaut) mit der komplementären, ergänzenden Farbe.

Fixiere mit dem Auge (Netzhaut) eine Minute lang einen der schwarzen Punkte in den Farbflächen auf Seite 74; dann schaue rechts auf den schwarzen Punkt im weissen Feld.

Es entsteht die komplementäre Farbe, die aber viel lichter und ätherischer wird. Du kannst diese komplementäre Farbe auch in deine Hand oder auf eine weisse Wand projizieren. Je weiter weg du sie projizierst, desto grösser wird das Nachbild. Ist der Hintergrund farblos, entsteht die ergänzende Farbe, also diejenige, die gerade auf der gegenüberliegenden Seite des Farbenkreises liegt (siehe Seite 73).

Projiziert man die komplementäre Nachbildfarbe auf einen farbigen Hintergrund, ergibt sich eine entsprechende Mischung.

Diese ätherische komplementäre Nachbildfarbe tritt verzögert auf, das heisst sukzessiv. Sie vergeht auch erst langsam wieder. Sie haftet so lange in der Netzhaut, bis diese sich wieder regeneriert hat.

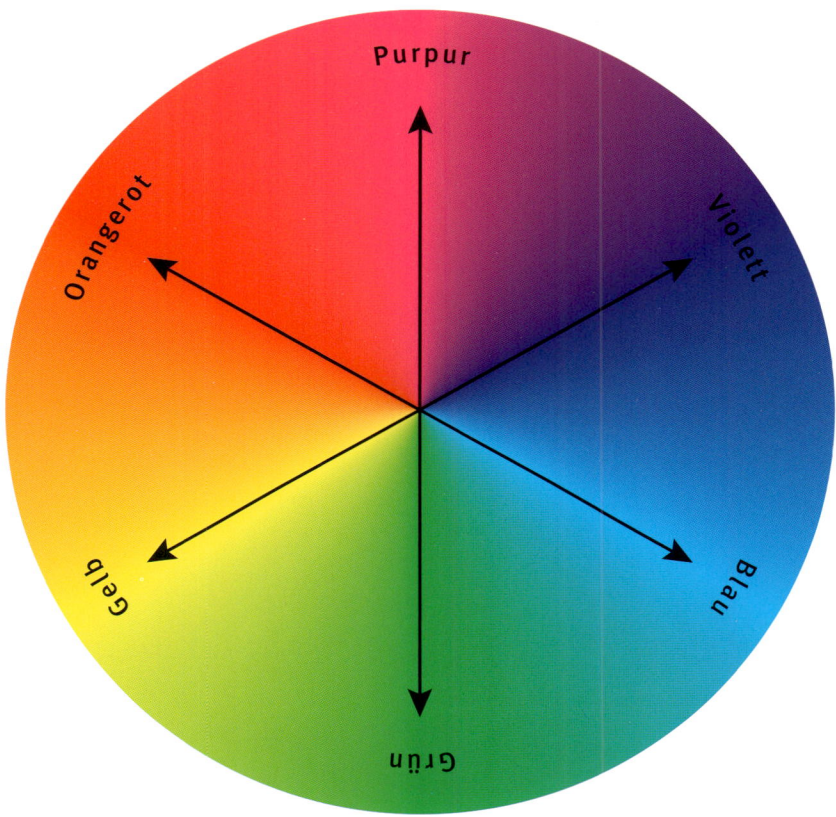

Die einander im Farbenkreis gegenüberliegenden Farben
sind komplementär, d.h. ergänzen einander.

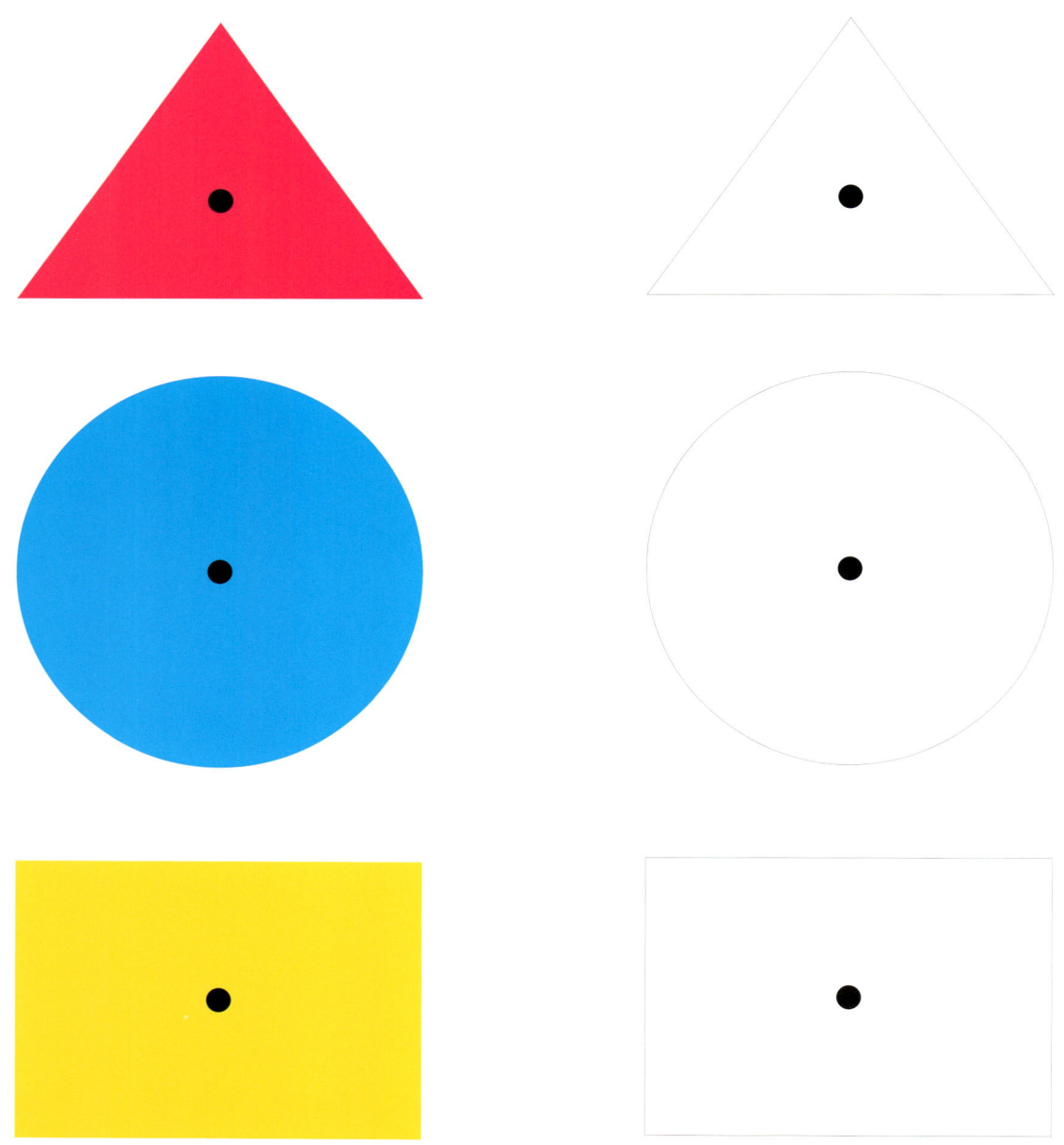

Schaue eine Minute lang auf die schwarzen Punkte links in den Farbflächen, dann auf den Punkt nebenan.

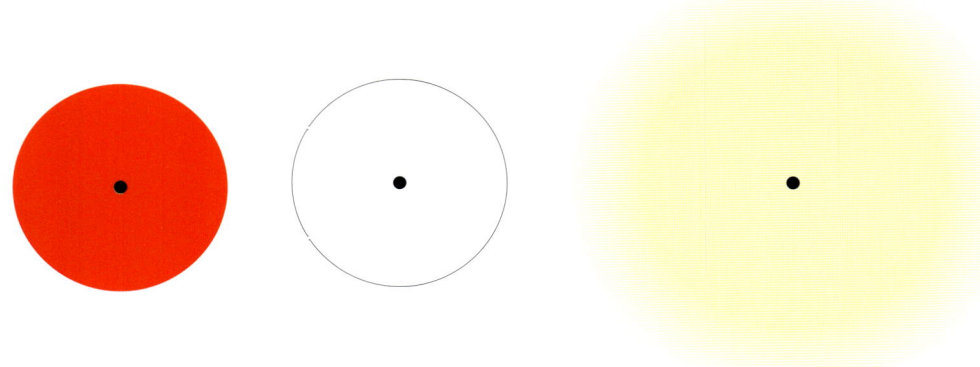

Schaue zuerst eine Minute lang auf den schwarzen Punkt im Rot, dann rechts daneben, dann auf den Punkt im Gelben.

Diese ätherische komplementäre Nachbildfarbe tritt verzögert auf, das heisst sukzessiv. Sie vergeht auch erst langsam wieder. Sie haftet so lange in der Netzhaut, bis diese sich wieder regeneriert hat.

Komplementärskalen

Hellwertskala

Schwarz	Violett	Blau	Grün	Rot	Orange	Gelb	Weiss
0	$\frac{1}{4}$	$\frac{1}{3}$	$\frac{1}{2}$	$\frac{1}{2}$	$\frac{2}{3}$	$\frac{3}{4}$	1

Wärmeskala

warme Farben							kalte Farben
Wärme	Orange	Gelb	Rot	Grün	Violett	Blau	Kühle
1	$\frac{6}{7}$	$\frac{5}{7}$	$\frac{4}{7}$	$\frac{3}{7}$	$\frac{2}{7}$	$\frac{1}{7}$	0

Ein farbiger Scheinwerfer erzeugt schwarze Schatten. Hellt man diese Schatten auf, so wird der Schatten farbig, und zwar mit der komplementären Farbe zum farbigen Scheinwerferlicht.

Simultankontraste

Ein in der Farbenwelt erstaunliches und in der (Farb-) Wissenschaft nicht geklärtes Phänomen ist der Simultankontrast, der unmittelbar, im selben Augen-Blick als ergänzende Farbe erscheint. Dieses Phänomen kann gut in den so genannten farbigen Schatten beobachtet werden.

Beleuchtet man in einem dunklen Raum eine weisse Wand mit einem roten Licht, dann wird sie rot. Stellt man davor einen Schatten werfenden Gegenstand, dann erscheint uns der Schatten schwarz. Hellt man nun diesen schwarzen Schatten mit einem weissen, nicht zu hellen Licht auf, dann wird der Schatten augenblicklich Grün. In diesem dunklen, vom Rot umgebenen Schatten schlummert gewissermassen das ergänzende Grün, das mit der Aufhellung sichtbar wird. So kann man mit jeder Farbe die diese exakt ergänzende schattige Komplementärfarbe hervorrufen. Dieser farbige Schatten kann auch fotografiert werden. Er erscheint und verschwindet mit der umgebenden projizierten Farbe. Er erscheint ganz klar und objektiv und nicht etwa ätherisch und aufgehellt wie die Sukzessivkontraste auf der Netzhaut.

Über die Frage, woher die Farbe im Schatten kommt, streiten sich die Gelehrten. Kommt sie etwa von der Netzhaut, wie es Goethe interpretierte, der die farbigen Schatten (grüner Schnee beim Sonnenuntergang) zu den physiologischen, also den Netzhautfarben zählte? Die Schulwissenschaft, sonst immer noch antigoethesch eingestellt, gibt ihm in dieser Beurteilung Recht. Rudolf Steiner jedoch lehnt Goethes Beurteilung als falsch ab und vertritt die Überzeugung, dass diese Farbe objektiv, also unabhängig vom Auge ist. (Als übrigens Eckermann, Goethes Sekretär, seinem Meister denselben Vorwurf machte, reagierte dieser sehr ungehalten.) Auch Rudolf Steiners Beurteilung wurde angezweifelt: Tatsächlich verliert nämlich der Schatten sofort die Farbigkeit, wenn er – von der (farbigen) Umgebung durch ein Rohr isoliert – angeschaut wird.

Die Farben der Simultankontraste entstehen immer sofort als komplementär zur Nachbarfarbe: Ein Grau neben Rot erscheint grünlich und neben Grün rötlich. Das Auge will aus den Farb- und Helligkeitskombinationen sofort eine Ganzheit machen. Die Frage ist nur, was diese Ganzheit entstehen lässt. Sind es die Augen (Netzhaut, Hirnzellen usw.), oder ist es die Farbe bzw. das Licht oder die Dunkelheit selbst, die sie er-gänzen? Tatsache ist, dass die Farbenwelt sich immer wieder ganzheitlich zeigen will. Darum ist Farbe in ihrer Wirkung ganzmachend, heilend – das, was unsere Zeit so dringend braucht.

Farbige Schatten.

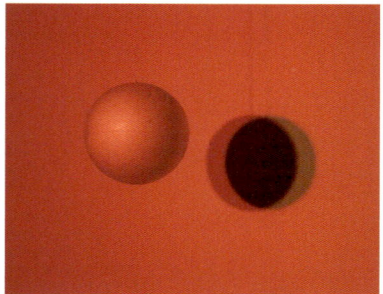

Schatten von farbigem Scheinwerferlicht werden mit Kerzenlicht aufgehellt.

Vincent van Gogh als Magier
der Licht- und Dunkelheitsfarben

Im Zusammenhang mit den Komplementär-Farbkontrasten muss auf das Leben und Werk von Vincent van Gogh hingewiesen werden. Wie bei keinem anderen führen seine theoretischen, aber vor allem auch seine malerischen Aussagen über Farbpolaritäten in die Geheimnisse der Farben ein. Wer das Leben des Malers kennt, weiss, dass er diese Polaritäten, diese Spannung auch existenziell lebte. Sein Sonnen- und Feuergeist, verbunden mit dem leidvollen Dunklen des Irdischen, hat Himmel und Erde zur Kommunion werden lassen.

Vincent van Gogh, *Die Kartoffelesser*, 1885 (Rijksmuseum, Amsterdam).

Er trifft in seinem kurzen Leben auf die Lichtmaler des Impressionismus. Hier faszinieren ihn die reinen Sonnenfarben, das Helle, Freudige der Landschaften. Hier erlebt er, wie ein Maler sich mit dem Ätherisch-Farbigen der Natur verbinden kann. Hier lernt er die Farbkontraste der Komplementärfarben kennen. Und er zweifelt selbst, ob es noch erlaubt ist, Schwarz in seine Palette aufzunehmen. Er selbst, der das Dunkle, das Schwarze als Prediger in den Bergwerken der Borinage gut kannte, der durch existenzielles Leid anderer und bei sich selbst das erdenhafte Braun-Schwarze schon in seinen frühen «Kartoffelessern» dargestellt hatte, erlebte die Lichtmalerei als Befreiung. Er reiste in den Süden, nach Arles und St-Rémy, um dort das klare Licht und die Glut der Sonne sinnlich, aber eben auch sinnenhaft innerlich zu erleben.

Sein farbtheoretischer Ansatz geht von Überlegungen des romantischen Malers Eugène Delacroix aus. Sein Farbdreieck mit den drei Hauptfarben Rot, Gelb, Blau und den Zwischenfarben Orange, Grün und Violett entspricht übrigens genau dem goetheschen, nur dass bei Rot nicht explizit von Purpur gesprochen wird.

Vincent van Gogh, *Sternennacht*, 1889 (Museum of Modern Art, New York).

Van Gogh grenzt sich in Arles wieder von den Impressionisten ab und lässt Weiss und Schwarz wieder zu. Dies aufgrund der Tatsache, dass Weiss und Schwarz als Endpunkte der Farbreihen Licht und Dunkelheit darstellen. Schwarz und Weiss werden so zu Ruhepunkten der sich bewegenden eigentlichen Farben.

Vincent van Gogh, *Vincents Schlafzimmer im gelben Haus*, 1888 (Rijksmuseum, Amsterdam).

Denn die Farben bewegen sich zum Beispiel auf den Komplementärskalen Orange – Blau, Grün – Rot und Violett - Gelb. Stehen sie einander gegenüber, steigern sie sich. Vermischen sie sich, dämpfen sie ihre Kraft oder löschen sich – wie beim Feuer in der Asche – im mittleren Grau aus.

Schwarz dient auch zur Abgrenzung der Gegenstände voneinander, etwas, was die Impressionisten nicht gelten liessen, da in der Natur solche Linien auch nicht vorkommen. Van Gogh jedoch grenzt zum Beispiel im Bild seines Zimmers die Gegenstände mit Konturlinien von der Umgebung ab. So bekommt jeder Gegenstand sein eigenes, einsames Schicksal. Die Malmotive werden so individualisiert, ja durch die

Vincent van Gogh, *Sämann bei untergehender Sonne*, 1888 (Rijksmuseum, Amsterdam).

Komplementärfarben, Licht und Dunkelheit mit einbeziehend, zur integrierten Individuation. Hohe und tiefe Töne, helle und dunkle Farben («Arlésienne»), einsames Schicksal und doch Verbundenheit mit dem Kosmos («Bildnis eines Dichters»), Sternenhaftes und Irdisches («Die Sternennacht»), ein Maler, der phönixhaft sich verbrennt und immer wieder neu und schöner aus der Asche aufsteigt («Selbstbildnis», Sept. 1889). So wird ein Malerschicksal selbst zur gelebten Farbenlehre.

Im «Sämann» malte er die Sonne und die Erde. Sämann und Baum werden die Mittler dieser Welten. Die Sonne in die Erde zu bringen (Sämann), das Irdische der Sonne entgegenzubringen (Baum) ist ein urchristliches Motiv. Doch drückt das Bild auch das Leid der (noch) unerlösten Erde aus. Das Licht scheint in die Finsternis, aber die Finsternis hat es (noch) nicht begriffen. Vincent van Gogh ist ein Sonnen- und Erdengläubiger. Sonne und Erde stehen im Zentrum der Schöpfung.

Auch wenn seit Kopernikus die Sonne anstelle der Erde zum Zentrum der Schöpfung wurde, bejaht Vincent van Gogh die dunkle, schicksalhafte Erde, ohne jedoch die Sonne zu negieren. Die Integration der beiden Zentren hat schon der grosse Astronom Tycho Brahe (1546–1601) in seinem polaren Weltbild dargestellt. Die Erde ist (wieder) im Zentrum der Schöpfung, Sonne (und Mond) kreisen um die Erde. Um die Sonne kreisen die Planeten. Dies ist nicht nur eine Gedankenspielerei, sondern es ist schicksalhaft für die Menschheit, wenn sie sich nicht vollends der Erde entfremden will.

Wir bewundern die Bilder van Goghs, weil sie individuiert sind. Sie haben Sonne und Erde, Licht und Dunkel, Begeisterungsfeuer und Schicksalsschwere in sich. Vincent van Gogh hat sich zwar von den Impressionisten abgegrenzt, aber er hat sich auch nicht ganz von der Natur entfernt. Er brauchte die erlebbare, sinnliche Natur. Sie war ihm mehr als nur Farbigkeit. Sie war ihm sinnenhaft, ein Symbol. Der abgehobene Symbolismus, der zum Teil auch nur noch Oberfläche und Dekoration war, behagte ihm nicht. Er brauchte die wahrhaft lebenden Schicksale der Menschen, Bäume, Landschaften, Himmel, um sich mit ihnen zu verbinden. Inkarnation heisst eigentlich, sich ganz mit der Erde zu verbinden, ohne sein Geistesfeuer darin erlöschen zu lassen. Vincent van Gogh vergeistigte die Erde mit seiner Glut der Farben. Es ist im eigentlichen Sinne christliche Erlösungsarbeit.

Im Zusammenhang mit den Komplementärkontrasten hat van Gogh in unübertrefflicher Weise auch die Farben der Jahreszeiten charakterisiert.

Hier haben wir wiederum die acht Grundfarben, immer als komplementäre Farbpaare den Jahreszeiten zugeordnet.

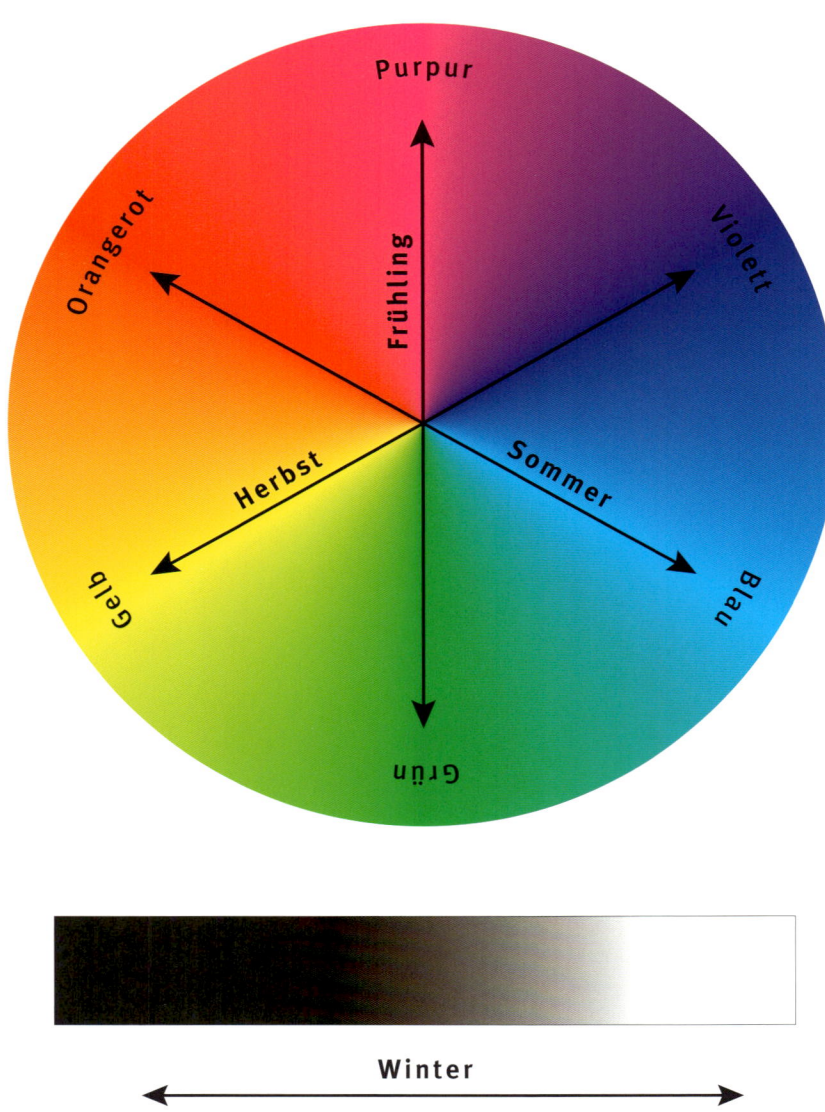

Purpur und Grün als Wegweiser
einer neuen Ethik

Die Beschäftigung mit den Farben kann auch in ethische Zusammenhänge führen. Gut und Böse, als das Helle und Dunkle verstanden, zeigen sofort die ethische Dimension.

Isaak Newton sieht den Ursprung aller Farben im Licht. Die Dunkelheit war für ihn einfach das Nicht-Licht, so wie für den Kirchenvater Augustinus das Böse das Nicht-Gute bedeutete. Doch wenn das Böse, das Dunkle einfach negiert wird, wenn es nicht da sein sollte und sich doch immer wieder zeigt, ergibt dies eine Ethik der Verdrängung des Dunkeln. Erich Neumann nennt dies eine «alte Ethik». Sie spaltet Gut und Böse, Geist und Trieb, Sonntags-Christentum und Werktags-Egoismus. Sie schafft Sündenböcke, die vernichtet werden sollen.

Neumann formuliert demgegenüber eine «neue Ethik», die Gut und Böse, Hell und Dunkel integriert so wie die schwarz-weisse Elster in Wolfram Eschenbachs «Parzival». Die neue Ethik fordert den Menschen auf, weder gut noch schlecht, sondern autonom über Gut und Böse zu sein. Das unbewusste Böse wirkt böse, das zum Bewusstsein gebrachte gut. Um erwachsen zu werden, braucht es die Erfahrung mit dem Bösen, wie es in Goethes «Faust» dargestellt wird. Faust integriert das Gute (Gretchen) und das Böse (Mephisto). Wer immer strebend sich bemüht, das Böse zu integrieren, der kann erlöst werden! Die neue Ethik verlangt vom Menschen, dass er den moralischen Mut bekommt, nicht nur nicht schlechter, sondern auch nicht besser sein zu wollen, als er selbst ist. Anerkennung des eigenen Bösen ist gut, sich besser machen, als man ist, ist böse. Weder Unterwerfung noch Überheblichkeit führen zur lebendigen Ganzheit des Selbst. Es lebt von

Jan van Eyck, *Giovianni Arnolfini und Giovanna Cenami (Arnolfinische Hochzeit)*, 1434 (London, National Gallery). Grün und Purpur vereinen sich.

der Spannung gut – böse, männlich – weiblich, schwarz – weiss. Diese Integrationsethik beschreibt Heinrich Pestalozzi in seinen «Nachforschungen über den Gang der Natur in der Entwicklung des Menschengeschlechts», wo er zeigt, wie der Mensch seine Natur (Triebe) und die Gesellschaftsnormen nicht durch ständige sittliche (ethische) Anstrengungen negieren muss, sondern integrieren kann. Die eigentlich sittliche Kraft, die aus dem eigenen Selbst kommt, gibt den

Trieben und dem gesellschaftlich Normativen ganzheitliche Gestaltungskraft. Hundert Jahre später zeigt dies ebenso Rudolf Steiner in der «Philosophie der Freiheit». Dort nennt Steiner diese sittliche Kraft ethischen Individualismus, moralische Fantasie oder einfach auch Intuition.

Wo liegt nun der Zusammenhang mit den Farben Purpur und Grün? Goethes Farbenlehre ist im Gegensatz zur newtonschen ganzheitlich. Hier sind die farbschaffenden Kräfte Hell und Dunkel: Aus dem Dunklen kommen Violett und Blau, aus dem Hellen Gelb und Orangerot. Doch das Entscheidende liegt in der Entstehung des Grüns. Es bildet sich als sekundäre Farbe, als Mischung von Gelb und Blau. So integriert das Grün die Helligkeits- und die Dunkelheitsfarben. Wie wir gesehen haben, geschieht dies durch ein Prisma geschaut im engen weissen Spalt, in der Mitte des Regenbogens oder zwischen Kosmos und Erdmittelpunkt in der Pflanze. Grün wird so zum Bild des Lebens (R. Steiner), lässt die Natur ergrünen, es individuiert das ganze Spektrum von Orangerot (Trieb) bis zu Violett (Askese). Es bringt die Endpunkte des Spektrums zum ruhenden Mittelpunkt, wie es ja auch die grüne Herz-Chakra-Farbe zeigt. Das Grün wird zur integralen Christusfarbe, weil es Himmel und Erde verbindet.

Purpur steht über den Spektralfarben. Er entsteht, durch das Prisma gesehen, als Aufhellung im schwarzen Spalt. Hier steigert sich (J. W. Goethe) Rotorange (Trieb) und Violettblau (Askese) in die reinste Farbe Purpur (rein-rein). Im Purpur hellt sich das Dunkle auf (Addition), das Geistige scheint in die Finsternis, das Seelische blüht im Leib des Menschen als Erröten auf. Purpur wird so zum Bild des Seelischen (R. Steiner), das durch Intuition, durch moralische Fantasie zum ethischen Individualismus gesteigert werden kann. Purpur wird so zur Inkarnatsfarbe und zum integrierten höheren Selbst. Eine neue Ethik rechnet mit solchen individuierenden und sich in ein höheres Selbst steigernden (Farb-)Prozessen.

Purpur und Grün als polares Farbenpaar finden wir auf der Seifenblase, in der Benzinlache, bei Sonnenuntergang in einer Schneelandschaft mit grünen Schatten, in der purpurnen Morgenröte mit hellem Grün am Horizont – die Aurora, die Morgenröte als purpurnes Bild des Neuen, des Aufbruchs, wie es die russischen Symbolisten Wladimir Solowjow und Andrej Bielyj formulierten. Der vergeistigte Purpur bedarf des vitalen Grüns, um lebendig im Weltganzen wirken zu können. Während Purpur labil auf dem Gipfel des Farbenkreises immer wieder neu entstehen muss, ebenso wie die sittliche Kraft, so individuiert das Grün das Helle und Dunkle zum sicheren Pol des Herzens.

Farbenergien, Visualisierung, Chakren

Farbmeditationen fussen auf der alten Tradition, dass Farben auch in unserem energetischen, seelischen und geistigen Bewusstsein wirken. Die sieben farbigen Energiezentren des Menschen, Chakren genannt, bilden eine Ganzheit der Farbenwelt.

Die Farben und die Chakren

Farben wirken auch in unserem energetischen, seelischen und geistigen Bewusstsein. Auf diesem alten Wissen beruhen die Farbmeditationen. Die sieben farbigen Energiezentren des Menschen, Chakren genannt, bilden eine Ganzheit der Farbenwelt. Jedes Chakra empfängt die entsprechende Energie, wandelt sie um und gibt sie weiter. So haben wir in uns die Farben des Regenbogens: Unten das Wurzelchakra mit Rotorange. Es vermittelt uns physische Energie, Lebenskraft und erdet uns. Es gibt uns Macht, aber auch Wut, Liebe und Hass. Es erregt uns zu glühenden Emotionen, stärkt uns in unserem Mut zu optimistischen Taten. Ins Bewusstsein gehoben, kann es gegen Schwermut, Trägheit, Antriebslosigkeit wirken.

Das nächsthöhere ist das orangefarbene Sakralchakra: Orange ist eine Mischfarbe aus Rot und Gelb und wirkt damit ausgleichend zwischen sexueller Erregung und reiner Intellektualität. Es harmonisiert ruhelose und übernervöse Menschen. Orange steht für Vitalität und Geisteskraft. Es vermittelt eine warme, heitere, freudige Energie. Es fördert Beziehungsfähigkeit und zugleich auch Bewegungsfreiheit.

Das Nabelchakra, auch Solarplexus genannt, ist gelb. Es steht für Licht, Leben und Unsterblichkeit. Das Gelb ist eigentlich die geistige Farbe, da es am meisten Anteil am Licht hat. Es spricht schöpferisch begabte Menschen an. Aus dem Gelb strömt ein Glücksgefühl. Es ist gut bei melancholischer und pessimistischer Gemütsart.

Das Herzchakra ist grün. Es nimmt die Mitte des Regenbogens ein und steht zwischen den warmen und kalten Farben. Grün vermittelt zwischen materiellen und geistig-spirituellen Aspekten des Menschseins. Es bewirkt Wachstum, aber auch Ruhe und Gleichmut. Es vitalisiert das Blut, reguliert den Blutdruck und heilt Herzbeschwerden. Es wirkt lindernd bei Kopfschmerzen.

Das Halschakra korrespondiert mit der Farbe Blau, der seelischen Farbe der Vertiefung, der Introversion, der Melancholie, Treue und Hingabe. Himmelshöhe und Meerestiefe sind Orte der meditativen Versenkung. Blau bewirkt grenzenlosen Frieden und Ruhe in sich selbst.

Das Stirnchakra strömt die dunkelste Farbe, Indigo, aus. Es wirkt reinigend auf die mentalen und psychischen Kräfte des Menschen. Es hilft eine Beziehung zum tiefen, dunklen Unbewussten herzustellen. Das Indigo ist die Farbe der Mitternacht, die alchemistisch auch die «schwarze Sonne» genannt wird. Durch die Finsternis das Licht erschauen, das war seit Urzeiten tiefste und höchste meditative Übung.

Das Scheitelchakra vermittelt die Farbe Violett. Es ist nahe und fern vom Orangerot. Violett ist die höchste

Lichtschwingung. Als Mischfarbe vermittelt es Erkenntnis, Leidenschaft und «mystische Tatsachen». Es vermittelt die Begabung, inmitten der Alltagssorgen offenbare Geheimnisse zu erkennen, «Mysterien im Bahnhof» (Joseph Beuys) zu erleben.

Purpur ist eigentlich keine Chakrafarbe. Doch wird er – wenn überhaupt – dem Herzchakra zugeordnet. Purpur ist noch mehr als das weisse Licht, nämlich die Steigerung und Überhöhung aller Farben.

Farben in das meditative Bewusstsein, in die Träume aufzunehmen gehört zu einer ganzheitlichen Erfahrung. Doch birgt sie in sich die Gefahr, dass die sinnliche Welt darüber vernachlässigt wird. Nach einer Farbmeditation gibt es keine bessere Ergänzung als ein möglichst farbenfrohes Essen. Auch so können Farben verinnerlicht werden!

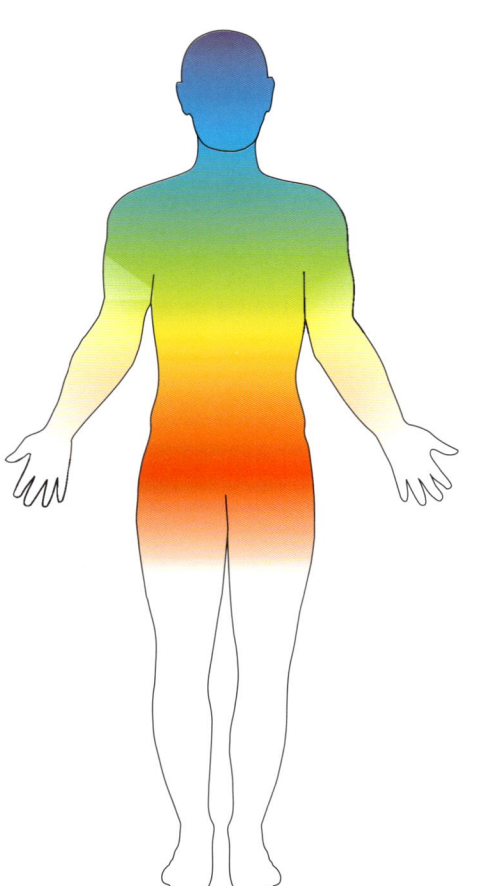

Tagesmeditation

Ich bin der ich bin,
bis zum Erdmittelpunkt,
bis zu den Sternen hinauf.
Und in meinem Herzen
bin ich der, der ich bin
und kein anderer.
Dort bin ich Grün und Purpur.
Und ich fühle mich verbunden
mit allen Orten
die Kraft geben.

Farbheilungen mit Marko Pogačnik

Wer einmal mit dem bekannten slowenischen Geomanten Marko Pogačnik Landschafts-Heilungs-Seminare erlebt hat, spürt, dass auch visualisierte Farben zur Wirkung kommen können. Nachfolgend ein Text aus «Wege der Erdheilung» von Marko Pogačnik (Knaur-Verlag).

Die Kraft der Farben

Zur Bedeutung der Farben bei der Erdheilung hat Devos, der Erdheilungsengel, in einer für dieses Buch durchgegebenen Botschaft vom 14.1.1996 Folgendes gesagt:

«Die ganze Welt ist aus Farben zusammengestellt, so auch die Kraftebene des Raumes. Alle Energiestrukturen, die ihr kennt, weisen eine bestimmte Farbschwingung auf. Eigentlich stellt die Farbe die grundlegende Schwingung dar, die einem Kraftsystem seine Form, Funktion, Bedeutung usw. verleiht. Es gehört zu den Funktionen der Farbe, dass jede Struktur eine grundlegende Hauptfarbe hat, durch die sie charakterisiert wird. Dabei gibt es eine feste Regel dafür, welche Farben bestimmte Systeme aufweisen. Das hängt weitgehend von der Qualität des Raumes ab, in dem sich ein System befindet.

Man könnte sagen, dass die Unterschiede in der Farbenqualität es möglich machen, verschiedene Kraftzentren oder -systeme des Raumes voneinander zu unterscheiden. Die spezifische Farbe stellt das individuelle Element dar, durch das ein Kraftsystem oder Phänomen in die Ganzheit des Raumes integriert wird. Dabei sollte man es sich so vorstellen, dass jedes dieser Zentren oder Systeme – nicht immer, aber für gewöhnlich – aus mehreren Farben komponiert ist, und zwar aus einer Grundfarbe, die das Fundament darstellt, und begleitenden Farben, die zu der Gesamtheit eines Systems gehören und sein Muster oder zusätzliche Qualitäten kennzeichnen. Es ist wichtig zu wissen, dass es die Farben sind, die die Schwingungsmuster zusammensetzen und dadurch allen Kraftstrukturen einen gemeinsamen Hintergrund verleihen. So kommt es oft vor, dass die Farbe, die bei einem Heilungsvorgang angewendet wird, mit der Grundfarbe des Kraftsystems zu tun hat, das geheilt wird.

Eine zweite Art, Farbe bei der Heilung einzusetzen, besteht darin, gewisse Farben bzw. Farbschwingungen anzuwenden, um hilfreiche Prozesse, wie Wandlung oder Reinigung, anzuregen. Da verschiedene Farben verschiedene Schwingungen und Qualitäten besitzen, kann man sie vorzüglich zur Heilung von Räumen, Menschen, Pflanzen, Elementarwaren einsetzen. Das Prinzip der Heilung dieser Art beruht auf der Interferenz bzw. auf der gegenseitigen Resonanz zwischen den Farben, die den Gegenstand unserer Heilung charakterisieren, und den Farben, die wir als Hilfe einsetzen. Oft geht es nur um eine minimale Korrektur von Farbnuancen am Objekt der Heilung, die auf diese Weise erreicht werden kann. Nun zu den einzelnen Farben:

– Die Farbe Weiss besitzt die Qualität der Vollkommenheit und Reinheit und eignet sich deswegen ausgezeichnet für die Anhebung des Energieniveaus eines Ortes, eines Menschen.

– Die Farbe Violett ist aus zwei gegensätzlichen Schwingungen zusammengesetzt (Yin – Blau und Yang – Rot) und hat deswegen eine stark polarisierte Struktur, was sie für Reinigungs- und Schutzzwecke geeignet macht.

– Die Farbe Blau hat zarte Schwingungen und ist

fähig, den Raum zu beruhigen und gleichzeitig zu stärken. Sie stärkt Kraftstrukturen, aber vorrangig ist sie wichtig zur Beruhigung.

– Die Farbe Grün ist die Farbe der Herzkraft. Sie ist für die Heilung sehr geeignet, da sie die Herzschwingungen beinhaltet, d.h., sie zentriert und stärkt zugleich. Grün hat einen starken Einfluss auf die Gefühlsebene.

– Auch die Farbe Gelb wirkt stark auf die emotionale Ebene ein; auf der energetischen Ebene hilft sie beim Reinigen, da sie sehr «scharfe» und starke Schwingungen aufweist, die sie durchdringend und konzentriert machen. Deswegen kann man sie für das Vordringen entlang verstopfter Bahnen nach vollbrachter Reinigung gebrauchen. Sie kann Gutes bei der Wiederverbindung verloren gegangener Beziehung zwischen zwei Orten leisten und eignet sich auch als Werkzeug bei geführten Visualisationen, da sie, wie auch gesagt, so konzentriert und direkt ist.

– Die Farbe Orange hat schon irdische Schwingungen, wird also bei der Arbeit auf der Kraftebene nicht oft gebraucht. Sie hat aber auch eigene Qualitäten, die einen Einfluss auf die Kraftebene ausüben können. Sie wird z.B. zur Erdung eines Raumes gebraucht.

– Für diesen Zweck ist noch geeigneter die Farbe Rot, die noch mehr von der irdischen Qualität aufweist. Da sie so erdhaft wirkt, ist sie für den Zweck der Heilung zu agressiv, zu stark und findet nur selten Anwendung.»

Bei den Erdheilungsmethoden, die uns Devos vermittelt hat, wird Farbe hauptsächlich mittels Visualisation eingesetzt. Die Gruppe steht auf einem bestimmten Punkt und projiziert eine Zeitlang durch die Kraft der Vorstellung die ausgewählte Farbe in den Raum. Violett kann man z.B. auf verschiedene Weisen gebrauchen, sowohl individuell als auch in der Gruppenarbeit:

– Man stellt sich z.B. vor, dass der zu behandelnde Raum mit Violett ausgefüllt wird. Um Wandlungsprozesse darin anzuregen, wird die Farbe nicht als statisch imaginiert, sondern sie wird fortwährend verwirbelt und in tänzelnden Bewegungen durch den Raum geführt. Diese Art der Farbvisualisation kann auch von einem Reinigungs- oder Akupunkturgesang begleitet und unterstützt werden.

– Um einen Reinigungseffekt im Raum zu erzielen, wird der betreffende Raumbereich mit Violett ausgefüllt. Dabei ist das Bewusstsein des Imaginierenden auf die Bitte eingestellt, die Störschwingungen des Raumes mögen mit der violetten Farbe verkoppelt werden. Danach folgt eine zweite Phase der Visualisation, bei der ein beliebiger Punkt im Raum ausgewählt und als weiss vorgestellt wird. Aus dem weissen Punkt heraus verbreitet man dann kristallweisse Farbe sternförmig nach allen Seiten durch den Raum – langsam und stufenweise – bis der ganze Raum mit weissem Licht ausgefüllt ist und das Violett bis zum letzten Tropfen verwandelt wurde. Diese Form von Farbvisualisation wird oft bei aussergewöhnlich schwierigen Plätzen als eine Art Vorreinigung angewendet, bevor die Gruppe zum Reinigungsgesang übergeht.

Auch bei der dritten Vorgehensweise wird der Raum als Erstes gründlich mit Violett durchtränkt, um gestörte Schwingungsmuster daran zu binden. Danach wird «Stück für Stück» das Violett «umgedreht» und in Weiss verwandelt. Dies ist eine weitere Methode, um Wandlungsprozesse im Raum anzuregen.

Farberleben-Meditation

Rudolf Steiner, 1. Januar 1915

Rosa-Violett vermittelt uns Barmherzigkeit.

Rot: Ich werde durchsetzt mit der Substanz des göttlichen Zorns. Dieser Zorn ist gerichtet gegen die Sünde. Jüngstes Gericht. Ich lerne beten.

Orange will uns mit innerer Kraft ausrüsten. Es will uns stärken, Sehnsucht erwecken, das Innere der Dinge zu erkennen.

Gelb: Ich lebe aus den Kräften, aus denen ich in der ersten Erdeninkarnation geschaffen wurde.

Grün: Ich inkarniere mich im Jetzt. Ich werde gesund. Ich werde egoistisch. Ich werde Mikrokosmos.

Blau: Im Blau überwinde ich den Egoismus. Ich werde zum Makrokosmos. Ich gebe mich der Welt hin.

Violett-Rosa: Ich verspüre Barmherzigkeit im Violett-Rosa.

«Farbe ist Seele der Natur und des ganzen Kosmos, und wir nehmen Anteil an dieser Seele, indem wir das Farbige miterleben.»
Rudolf Steiner

Die Farbenorganons

Ein Organon ist eine ganzheitliche Gestaltung eines Phänomens. Es ist ein Bild für Zusammenhänge. Wenn die Farben in einen Kontext gestellt werden, also eine Analogie gesucht wird, dann ist dies keine eindeutige, exakte Wissenschaft. Es bleibt immer ein vorläufiger Versuch einer Zuordnung.

Die sieben Planetenfarben

Farbzuordnungen zu den sieben (klassischen) Planeten gibt es schon lange. Sie differieren sehr. So hat z. B. Rudolf Steiner verschiedene Zuordnungen gegeben.

In der an der anthroposophischen Krebsklinik, der Lukasklinik in Arlesheim (Schweiz) praktizierten Farbtherapie wird der Patient jeden Tag mit einer anderen Farbe bestrahlt: Er sitzt angekleidet in einer dunklen Kammer und schaut in eine von farbigen Lichtern erleuchtete Nische. Nach einigen Minuten erlischt die Farbe, und man erlebt die komplementäre Nachbildfarbe als strömende ätherische Farbe, die gerade die Lebensprozesse des Patienten aktivieren soll. Jeden Tag wird so eine neue Farbe eingesetzt, und zwar den Planeten der Wochentage entsprechend. Danach werden dem Patienten Gedichte rezitiert, die vorwiegend die entsprechenden Planetenlaute enthalten. Schliess-

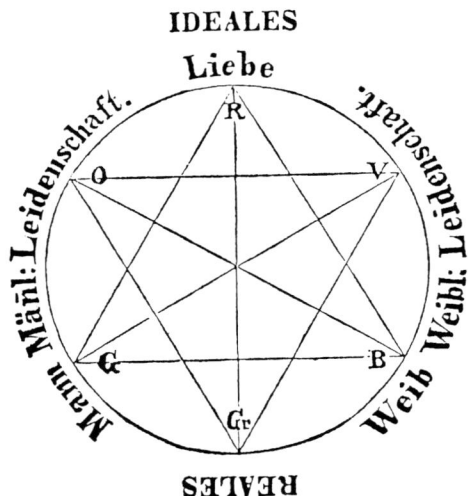

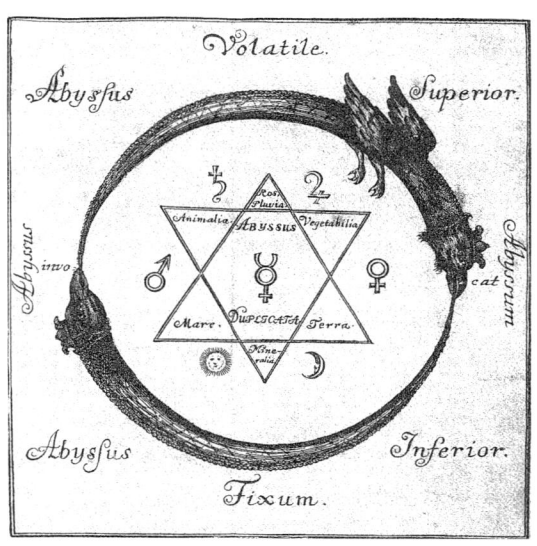

Links: Das Weibliche und das Männliche, das Reale und das Ideale im Farbenkreis. Rechts: Farben und Planeten in der Alchemie (aus: Reinhold Sölch, *Die Evolution der Farbe*, 1998).

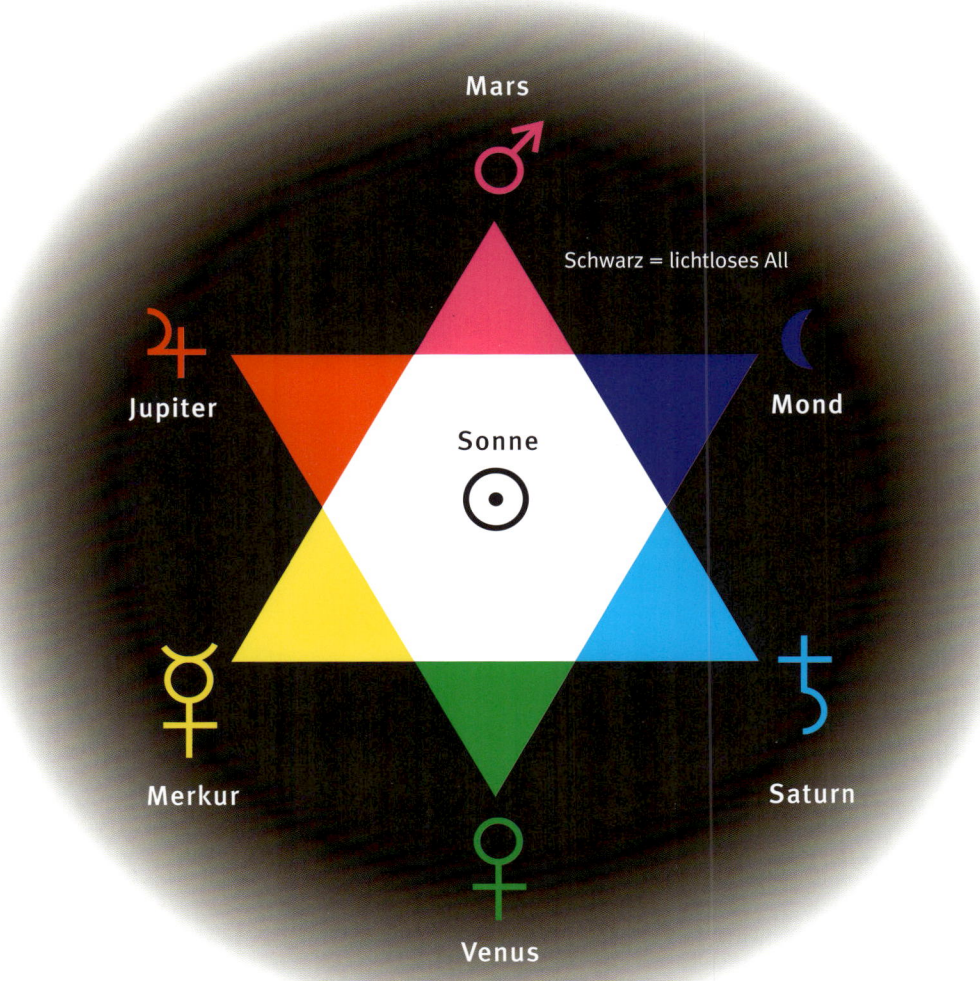

Mars

Schwarz = lichtloses All

Jupiter

Mond

Sonne

Merkur

Saturn

Venus

Die Zuordnung der sieben Planeten zu den sechs Farben
und dem Weiss. Das Schwarz bildet das All, in dem die Planeten
kreisen.

Qua ſunt in ſuperis, hæc inferioribus inſunt :
    Quod monſtrat cœlum, id terra frequenter habet .
Ignis, Aqua et fluitans duo ſunt contraria : felix ,
    Talia ſi jungis : ſit tibi ſcire ſatis !
                                    D.M.à C.B.P.L.C.

Alchemistische Darstellung der Gestirne zwischen Licht und Dunkelheit (aus: Reinhold Sölch, *Die Evolution der Farbe*, 1998).

lich ertönen, auf speziell gestimmten Leiern gespielt, entsprechende Planetenharmonien. Zum Schluss werden dem Patienten die dazugehörenden Mineralien in die Hand gegeben.

Das von mir gestaltete Organon enthält in etwa die Farbanalogien, wie sie in der Lukasklinik praktiziert werden. Nun soll es darum gehen, die Farben, wie sie J. W. Goethe in seinem Farbenkreis dargestellt hat, mit den modernen Farbenerkenntnissen etwa von Harald Küppers zu verbinden: Im einen Dreieck haben wir die drei reinen Farben Purpur, Gelb und Cyanblau. Dazu

kommen im zweiten Dreieck die drei Urfarben Orangerot, Grün und Violett, die zugleich auch Sekundärfarben, also Mischungen der drei reinen Farben, sind. Zu diesen sechs Grundfarben kommen noch Weiss und Schwarz.

Versucht man nun diese acht Farben den Planeten zuzuordnen, kommt man sofort in Schwierigkeiten, da erst seit Goethe zwei verschiedene Rottöne unterschieden werden. Genauer gesagt sprach Goethe sogar nur von Purpur und Gelbrot, das letztere wird hier als Orangerot bezeichnet. Noch heute aber gibt es für viele Menschen nur ein Rot, das eher dem Orangerot zuzuordnen ist.

Gelb wird allgemein am klarsten definiert, nämlich als ein Gelb, in dem kein Rot und kein Blau vorkommt.

Schwieriger wird es wieder mit Blau. Die wenigsten würden das helle Cyanblau als das eigentliche Blau bezeichnen. Es wird meist als dunkler und violetter identifiziert. Doch Cyanblau ist das einzige Blau, das kein Rot und auch kein Gelb in sich hat. Ebenso wie Purpur jenes Rot ist, das rein ist von Gelb und Blau.

Orangerot ist die exakte Mischung von Purpur und Gelb, Grün jene von Gelb und Cyanblau und Violett die von Purpur und Cyanblau. Wobei das Violett wissenschaftlich zum Violettblau wird.

Weiss und Schwarz ist für die Augen immer relativ. Weiss hat immer auch Dunkelheitsanteile und Schwarz hat Helligkeit in sich. Zwischen idealem Weiss und Schwarz liegen die Grautöne. Praktisch gibt es im Sinnlich-Wahrnehmbaren nur Grautöne.

Versucht man nun diese Farben den klassischen Planeten zuzuordnen, kommt man wohl am ehesten zu folgenden Entsprechungen:

Etwas erstaunlich mag die Zuordnung von Mars zu Purpur erscheinen. Mars gilt normalerweise als blutiger und vitaler als der vergeistigte Purpur. Doch Purpur ist das reine Rot, das in den Blau- und Gelbbereich hineinwirkt und dem Grün der Venus ergänzend gegenübersteht. Dem kommunikativen Merkur ist das Gelb zugeordnet und dem introvertierten Saturn das eigentliche Blau. Im Orangeroten nimmt der sinnesfreudige Jupiter

Platz, während der zwielichtige Mond Violett besetzt. Das Weiss repräsentiert die lichthafte Sonne, und das Schwarz gilt für das All, aus dessen Mutterschoss alles entstanden ist.

Verfolgt man nun den Weg, den die Planetentage im Laufe einer Woche vollziehen (das heisst also auch, was die Patienten der Lukasklinik in der Reihenfolge der Farben erleben), so kommt man zu folgendem Bild:

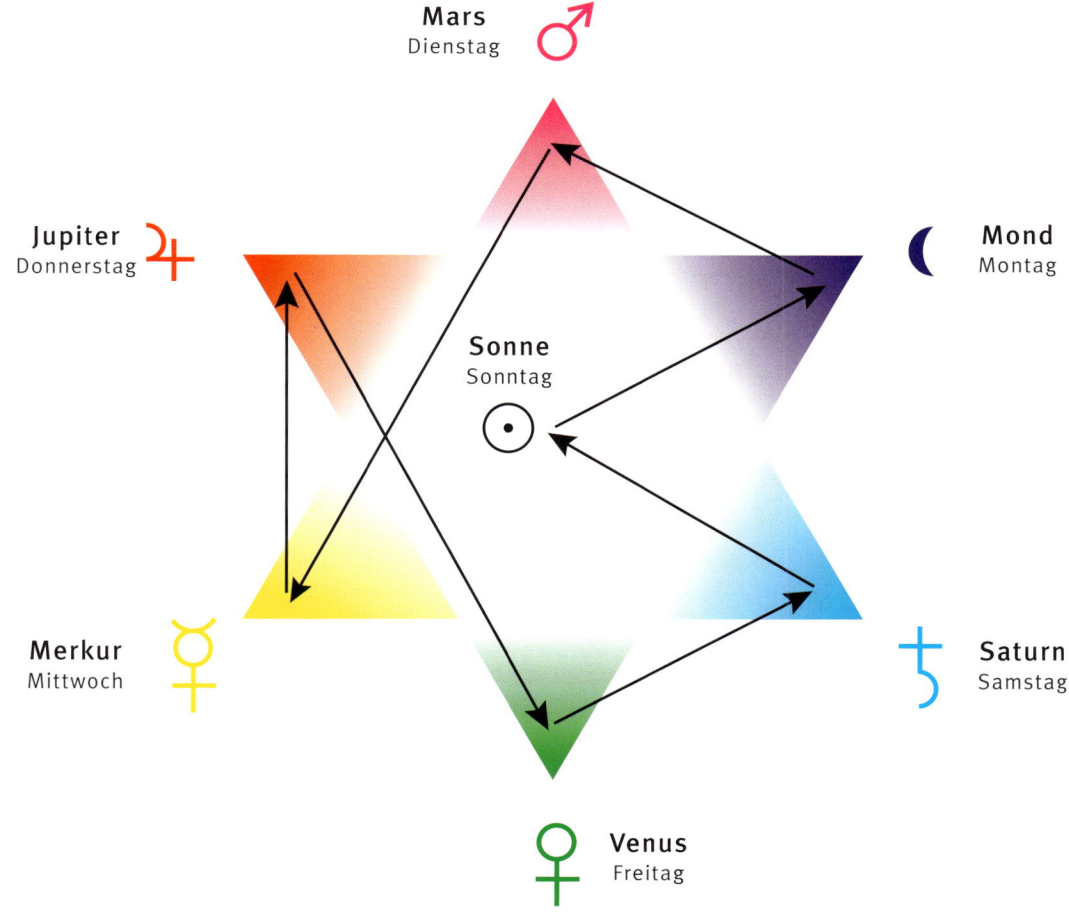

Die Planetenfarben im Wochenverlauf.

Mars beginnt am purpurnen Dienstag den Weg durch die aktive Farbseite, am grünen Freitag schafft Venus Ausgleich und Harmonie zu der passiven Seite des Farbenkreises, welche zwar durch das zentrale Sonnenweiss durchbrochen wird.

Reiht man die Planetenfarben in der astronomischen ptolemäischen Reihenfolge in einem Kreis auf, ergeben sich interessante Beziehungen. Nachbar- und Komplementärfarben ordnen sich symmetrisch. Die Pfeile zeigen die Reihenfolge der Wochentageplaneten.

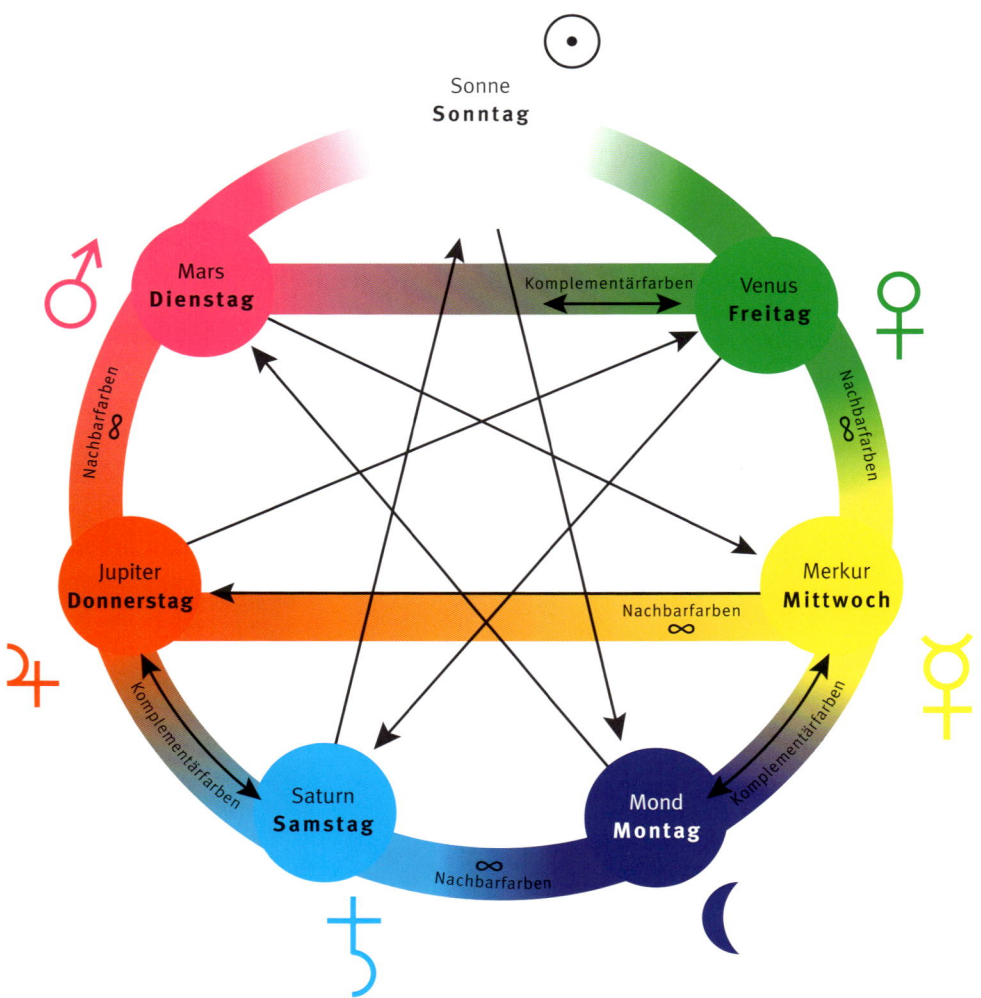

Die Planetenfarben im Siebeneck in ptolemäischer Reihenfolge im Wochenverlauf.

Die zwölf Tierkreisfarben

Auch die Zuordnung der Farben zum Tierkreis ist nicht einfach, will man ihn mit dem kontinuierlichen Farbenkreis in Kongruenz bringt. Hier soll auch der goethische Farbenkreis mit der zentralen Stellung des Purpurs verwendet werden.

Purpur ist Anfang und Ende des Farbenkreises, er erhöht sich zugleich über dem Farbspektrum der Farben zwischen Orangerot und Violett (siehe Seite 48). Darum ist es nachvollziehbar, dass Purpur an den Anfang und an das Ende des Tierkreises gesetzt werden muss. Dem Mars ist zwar der Widder zugeordnet, doch haben wir gerade im Zeichen des Mars die allumfassende Sonne, die aber zur gerichteten Sonnenkraft wird. Wenn man nun den Widderpunkt dem Purpur zugeordnet hat, gilt es weiter die Frage zu klären, in welcher Richtung der Tierkreis im Farbenkreis wandern soll. Dabei ist klar, dass die warmen Farben dem Frühling, Sommer und Herbst zugeordnet werden und die kühlen dem Winter. So kommen wir zu folgenden Entsprechungen:

Wenn wir nun dieses Tierkreisorganon betrachten, sehen wir, wie die Farben bis zum mittleren Grün in der Waage im Herbst wärmer, irdischer werden; sie vergeistigen sich dann im Blau, Indigo und Violett bis zum Purpur bei der Tagundnachtgleiche im Frühling, was dann Voraussetzung ist für das nachfolgende Ostern. An Ostern, dem höchsten christlichen Fest, vervollkommnet sich der Jahreskreis im Purpur.

Das ätherische Venusgrün in der Waage ist die irdische, michaelische Entsprechung zum Purpur.

Das warme Orange im Krebs am längsten Tag, an Johanni, blickt zum gegenüberliegenden Indigo, der dunkelsten Farbe am kürzesten Tag des Jahres, Weihnach-

ten. Das reine, geistige Sonnengelb im Löwen schaut auf das gegenüberliegende transzendierende Uranusviolett des Wassermanns. Die merkurielle hellgrüne Jungfrau steht in Polarität zum violetten Purpur der sich aufopfernden Fische.

Der fest auf der Erde stehende Stier hat das neben Purpur röteste Rot und schaut auf sein Gegenüber, das im ambivalenten Türkis skorpionisch tief und hoch gründet.

Die orangeroten Zwillinge, ambivalent zwischen Gelb und Purpur, ergänzen den klaren Jupiter-Schützen im reinen Cyanblau.

Selbstverständlich finden wir auch Widersprüchlichkeiten. Die Farben lassen sich eben nicht mathematisieren und endgültig in ein Schema zwingen. Jede Einordnung ist nur teilweise befriedigend, jedoch praktisch anwendbar, wenn es darum geht, die Farbenganzheit, zum Beispiel im Tierkreisjahr zu finden.

Farben – Tierkreiszeichen – Sinne

Im Rosenhofpark der Bildungsstätte Schlössli Ins im Berner Seeland wird seit Jahren ein Tierkreisweg gestaltet. Zwölf Tierkreisplätze sind entstanden, ihnen zugeordnet die entsprechenden Farben, die vier Elemente, die zwölf Weltanschauungen Rudolf Steiners und die zwölf Sinne des Menschen. Der Park bietet auch einen botanischen Lehrpfad, ein Tiergehege, Brunnen mit daraus abfliessenden Bächlein und Teichen, einen alchemistischen Rosenweg, einen Lithopunkturstein von Marko Pogačnik im Zusammenhang mit dem Landschaftstempel im Seeland, einen Kräutergarten, ein Bienenhaus und im Zentrum eine grosse Arena. Im Rosenhofpark steht ebenfalls ein Astrolabium (5 m Durchmesser) zur Beobachtung der Bewe-

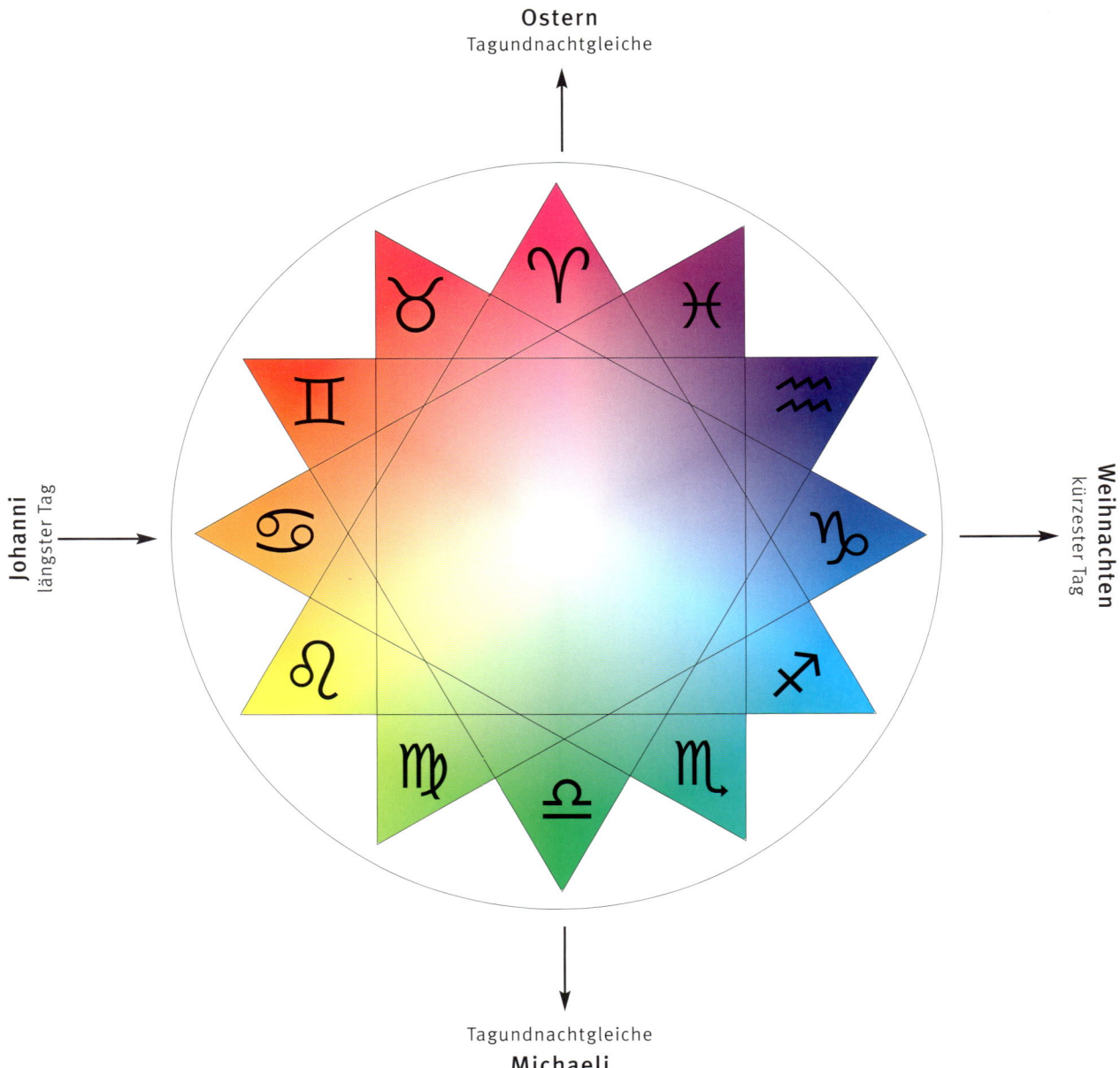

Ostern
Tagundnachtgleiche

Johanni
längster Tag

Weihnachten
kürzester Tag

Tagundnachtgleiche
Michaeli

Zuordnung der Farben im Tierkreis und im Jahreslauf.

gungen der Gestirne. Es ist nach der in diesem Buch dargestellten Farbenordnung bemalt.

Analogien zum Tierkreis sind Ordnungssysteme, die in sich eine Ganzheit bilden, die aber auch zum Vergleichen anregen. Rudolf Steiner gab verschiedene Zuordnungen der zwölf Sinne. Hier wird die nun schon klassische Darstellung verwendet. Der Tierkreis ist ein Kontinuum mit Anfang und Ende. Mit dem Widderpunkt beginnt er machtvoll und endet bei den Fischen, die Diesseits und Jenseits verbinden und zum erneuten Durchgang auffordern. Der Tierkreis ist auch ein Gang durch den menschlichen Körper: vom widderhaften Kopf – auch bei der Geburt das entscheidende Erste – bis zu den Füssen in den Fischen. Die Reihenfolge der zwölf Sinne beginnt mit dem Ich-Sinn im feurigen Widder. Nur wer in sich selbst ein starkes Ich verspürt,

kann im Gegenüber das Einmalige, Individuelle wahrnehmen. Und dies gilt für alle (Sinnes-)Wahrnehmungen, dass ich mich selbst – hier meine widderhafte Ich-Durchsetzung – zurücknehmen muss, um im Gegenüber aufwachen zu können. Sinneswahrnehmung ist ein Sichhingeben in das Wahrzunehmende. Rudolf Steiner beschreibt dies als ein feines Oszillieren zwischen Sympathie- und Antipathiekräften.

Der *Gedankensinn* befindet sich im erdenhaften *Stier*. Dass gerade das Wahrnehmen von Gedanken im materiellen Stier geschieht, ist symptomatisch für unsere Zeit. Das Gedankenleben ist heute oft konservativ, in festen Gleisen verfahren. Es bedarf der Lebenskräfte, wie sie durch den gegenüberliegenden Lebenssinn wahrgenommen werden können. Beim Stierplatz im Rosenhofpark sind die Komposte angelegt. Hier wird Materielles verlebendigt. Lebendige Gedankenwahrnehmungen führen zu Intuitionen (Steiner).

Der *Sprachsinn* vollzieht sich in den *Zwillingen*. Hier im beweglichen Kommunikationszentrum des Tierkreises bildet sich Sprache, aber nicht als äusserliches Vermitteln von Informationen, sondern Sprache im Vokalischen und Konsonantischen, Sprache als Wesenhaftes, wie sie durch die Eurythmie gestaltet werden kann. Die Wörter Amor, Liebe, Amour, Love, Laska bedeuten zwar inhaltlich dasselbe, zeigen aber jedesmal eine andere Wesensseite der Liebe.

Der *Hörsinn* befindet sich im *Krebs*. Das Zeichen der introvertierten, einwickelnden und auswickelnden Spirale zeigt das einfühlsame Inspirative des Hörvorgangs (Steiner). Der Hörsinn will das Innere der Welt erfahren. Das Gehör führt zum magisch-emotionalen Empfinden der Welt.

Der *Wärmesinn* wird dem sonnenhaften *Löwen* zugeordnet: Die Sonne ist Licht, Leben und Liebe (Stei-

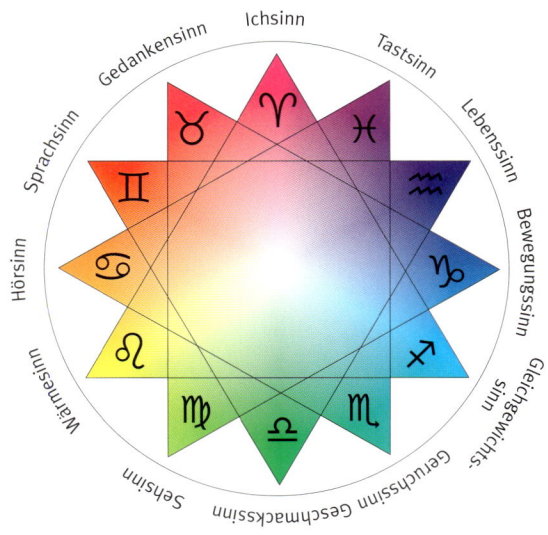

Die zwölf Sinne und die Tierkreiszeichen.

Das Astrolabium im Schlössli Ins. Es dient zur Beobachtung der Bewegung der Gestirne.

ner). Jeder Prozess, soll er kreativ wirken können, muss mit begeisterter Wärme beginnen. Die Wärme als Voraussetzung sozialer Prozesse (Joseph Beuys): In der Wahrnehmung der Eigenwärme und der Fremdwärme (Kälte) verspüre ich auch Seelisches (Steiner). Diese seelische Wärme aber gehört gerade zum Löwen.

Der *Sehsinn* als der dominierendste Sinn in der heutigen Zeit befindet sich in der *Jungfrau*. Das Charakteris-

Im Astrolabium befindet sich ein drehbarer Ekliptikring, auf dem die Planeten tropisch oder siderisch nach den Ephemeriden eingestellt werden können.

tische der Jungfrau ist die Sachlichkeit, die Gründlichkeit und die Beobachtungsgabe. Sie ist wie das Auge einer Sammlerin; auch das Auge «grast» in der «Augenweide». Das Auge vermittelt uns das Bild der Welt. Im Gegensatz zum Ohr zeigt es nur die Oberfläche, die vom Licht beschriebene Gegenstandswelt. Doch im Wahrnehmen eines Regenbogens zum Beispiel entstehen auch Voraussetzungen zur Imagination (Steiner).

Der *Geschmackssinn* ist in der künstlerischen *Waage* zuhause. Wenn jemand Geschmack hat, dann zeigt er auch künstlerischen Sinn. Dieser der partnerschaftlichen Waage zugeordnete Sinn nimmt zwar äusserliche Qualitäten auf der Zunge wahr, verinnerlicht sie aber sofort seelisch. Auf dem Waageplatz im Rosenhof-

park steht ein Pizzaofen für gesellige Gaumenfeste zur Verfügung.

Der *Geruchssinn* gehört zum ambivalenten *Skorpion*. Das Zeichen des «Stirb und werde» vereinigt himmlische Düfte und höllischen Gestank. Rudolf Steiner, selbst im Skorpionaszendenten (Fische Sonne) geboren, bringt die Geruchswahrnehmungen ausführlich mit der Mystik in Verbindung. Hier geschieht, so führt er aus, die Einswerdung mit Gott.

Der *Gleichgewichtssinn* gehört zum ethischen *Schützen*. Dieser eigentlich labile moralische Sinn – dem feinen Gehör verwandt – macht uns fähig zum aufrechten Gang. Aufrichtigkeit, der eigenen Stimme gehorchend, lässt uns den Geist fühlen (Steiner), gibt uns schüt-

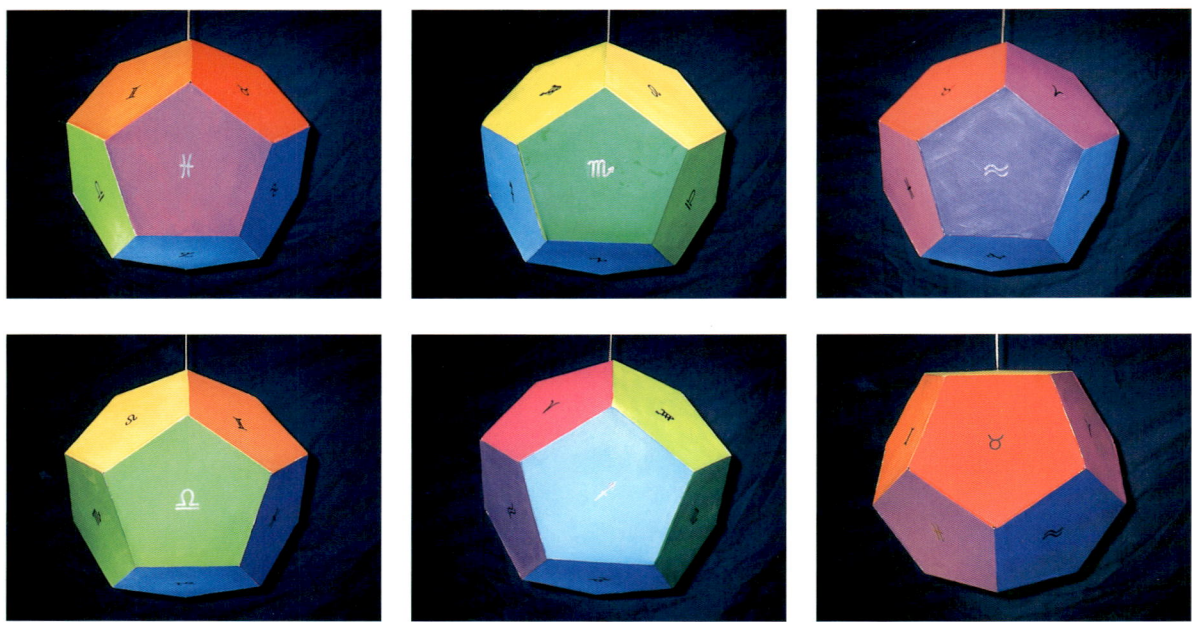

Auf einem Dodekaeder sind die zwölf Farben mit den Tierkreiszeichen so angeordnet, dass die sich ergänzenden Farben und Tierkreiszeichen einander gegenüberliegen.

zenhafte Orientierung in Religion, Kunst und Wissenschaft.

Erstaunlich ist die Zuordnung des *Bewegungssinns* zum statischen *Steinbock*. Als Tier ist der Steinbock zwar sehr beweglich. Diesem Zeichen sind die Knie und das Skelett zugeordnet. Es zeigt Formungswillen. Hier geschieht im Gang der Bewegung Schicksal: Lassen wir etwa uns etwa in einer Stadt dorthin tragen, wo der Leib unbewusst selbst hin will, treffen wir unversehens einen alten Freund, vielleicht eine schicksalsschwere Begegnung. Im Bewegungssinn erlebe ich das befreite Seelische (Steiner).

Der *Lebenssinn* gehört zum Lebenswasser tragenden *Wassermann*. Das Zeichen der Erfinder, der Intuition, der Originalität, des Geistesblitzes bedarf aber der Wahrnehmung der eigenen Lebensenergie. Voraussetzung für das intuitiv Kreative ist der Zustand des «Fliessens» oder des «weissen Augenblickes» (Daniel Golemann). Die Kultivierung des Lebenssinns führt uns zur spirituellen Ökologie, zur Geomantie etwa eines Marko Pogačnik.

Der *Tastsinn* zeigt uns die Welt der *Fische*. Dieses mediale Zeichen, das alles seismografisch registriert und dem Gefühl mehr vertraut als dem Verstand, ist die Heimat des Tastens. Erst der Tastsinn gibt die existenzielle Sicherheit, dass es die Welt gibt. Erst wenn ich selbst Amerika betrete, glaube ich an die Existenz Amerikas. Im Tastsinn entsteht das Durchdrungensein mit dem mystischen Gottesgefühl (Steiner).

Farbmythologeme

Mit Mythologemen meinen wir innere Wahrbilder, etwa mit Archetypen oder Urbildern vergleichbar, die im Menschen tief verwurzelt sind. Die Farben in ihrem Wesen zu beschreiben, sie auf der seelisch-mythischen Ebene zu charakterisieren ist nicht einfach, da sie in ihrer Art eben auch ambivalent sind.

Doch es besteht ein Bedürfnis, auch hier Zusammenhänge darzustellen. Im Folgenden wird versucht, wiederum eine goethesche Reihenfolge zu beachten, die mehr das Prozesshafte berücksichtigt als die oft nur statisch zufällig aneinander reihende Beschreibung.

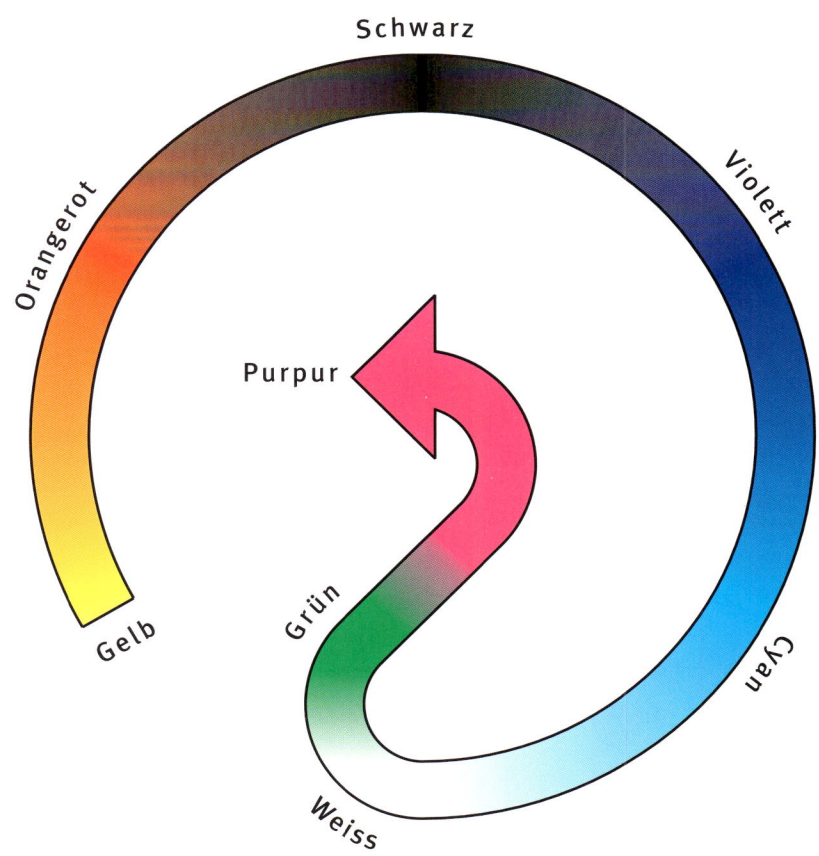

Gelb

Wenn vom Gelb die Rede ist, sprechen wir nur vom reinen Gelb. Itten sagte, dass nur das reine Gelb gelb ist.

Gelb ist, wie wir gesehen haben, die dem Licht nächste Farbe. Wir assoziieren mit ihm die Sonnenstrahlen und die Sterne. Es ist Glanz des Geistes, in Ägypten Amon Re, in Griechenland Helios und Aphrodite, in China, dem gelben Reich der Mitte, Buddha, im Germanischen Freya, im Urchristlichen der Engel Gabriel.

Gelb ist männlich und weiblich. Im alten Ägypten – aber auch noch bei den Etruskern – wurden die Frauen gelb (ocker) gemalt, während die Männer rotbraun dargestellt wurden.

Die Menschheit kam aus dem gelb-goldenen Zeitalter und mündet in ferner Zukunft in das glückliche neue Paradies, in das gelb-goldene «Himmlische Jerusalem». Gelb bedeutet Offenheit, Erleuchtung, Intuition und schöpferische Kraft. Es ist die Kraft des Ichs, der geistigen Autonomie.

Es wirkt befreiend, extravertiert und kann vom geistigen Lächeln bis zum «irren Lachen» (Kandinsky) das Geistige in Bewegung bringen. Gelb gilt als Sublimierung der Materie, die durch die Verwandlung von unedlem Metall in gelbes Gold schon für die Alchemisten das Ziel war.

Gelb ist Wiedergeburts- und kommunikative Merkurfarbe. Hermes (Merkur) holt die Menschen vom Himmel auf die Erde und begleitet sie nach dem Tod in den Hades (Totenreich). Gelb ist die schöpferische Geburtsfarbe, wie auch die Farbe der Lebensernte im Herbst (van Gogh). J. W. Goethe sagte, dass Gelb das Herz ausdehne und das Gemüt erheitere. Wurde darum den Freudenmädchen das Glück bringende sinnliche Gelb zugeordnet, und wurden sie deshalb auch von der Kirche als unchristlich abgelehnt?

Das befreiende Gelb der Minne und der Spiritualität (Troubadourzeit) ist gefährlich für alle Gebundenheit.

Ein geschlossenes Gelb explodiert. Gelb will sich frei bewegen können, ist dem Licht am nächsten und bleibt die noch jungfräuliche Künderin des Geistigen. In ihr glänzt das Licht am reinsten.

Gelb als Farbe der wachen Intelligenz, aber zugleich auch als Chakrafarbe des Solarplexus, als Nabel der Welt, als «Gehirn» des Bauches.

Rot (Orangerot)

Rot ist neben Weiss und Schwarz die Urfarbe. Rot ist der besondere Saft des menschlichen Blutes und darum wohl auch die existenzielle Farbe. Rot ist der Glanz des Lebendigen (Steiner). Es ist die erste Farbe der Kindheit. Im Russischen ist es ein Synonym für «schön». Es ist die unterste Farbe der Chakra-Energiezentren, die erste Farbe im Spektrum nach dem unsichtbaren, warmen Infrarot. Rot kann männlich expansiv sein, kann Initialfarbe der Zeugung sein. Es ist zugleich auch die weibliche Uterusfarbe der lebendigen, warmen Geborgenheit, in der das Leben entsteht.

Rot ist das promethische Urfeuer, das dem Menschen den technischen Fortschritt, aber auch die Unabhängigkeit gegenüber der (dunklen und kalten) Natur gab.

Rot ist der Kar-Funkel in der Finsternis.

Rot ist die fürchterliche Farbe des keltischen Kriegers Ruadh, des indischen Sturmgottes Rudra, des griechischen Ares. Es ist die Opferfarbe der Tötung, der Vernichtung, des Chaos, der Revolutionen.

Zugleich ist es auch die Durchgangsfarbe des reinigenden Feuers des Purgatoriums. In der chymischen Hochzeit des Rubedo versuchten die Alchemisten

durch Zusammenbringen von Sulfur und Merkur den Menschen zur «Rötung» zu bringen. In christlichen Darstellungen erscheint die sinnliche Magdalena im roten Kleid als die Liebende des Herrn und Erste, die Christus am Ostermorgen erkannte. Das rote Blut Christi wird in der Gralsschale aufgefangen, der rote Wein in der christlichen Transsubstantiation im Abendmahl gefeiert.

Rot ist auch die Märtyrerfarbe, denn nur durch die blutige Tötung des Leibes erlangte man Heiligkeit.

Der sagenhafte Vogel Phönix verbrannte sich im (roten) Feuer und stieg schöner als zuvor aus der Asche, wie die Morgenröte aus der tiefdunklen Nacht aufsteigt.

Rot ist ambivalent: Es ist sowohl die feurigrote Zunge des heiligen Geistes wie auch die Hure Babylon und die Mutter aller Greuel auf Erden.

Es ist die Farbe der Urwärme, der Begeisterung, Gottes im brennenden Busch bei Moses, aber eben auch die Farbe des Sexus, des Rotlichtviertel oder der rothaarigen Hexe, die es im roten Feuer zu verbrennen galt. Es ist die Farbe des mutigen Georg wie auch die des Drachens. Rot ist in erster Linie eine Prozessfarbe.

Rot entsteht eben, wie Goethe sagt, aus abgedunkeltem Licht: In der ersten Trübung haben wir noch die geistige Farbe Gelb. Bei zunehmender Verdichtung entsteht das sinnliche, minnehafte, erotische Orange, das noch ganz im Seelenhaften bleibt. Erst im roten Zinnober wird die Farbe körperlich. In der leiblichen, zielgerichteten Emotionalität des Sexus oder der Tötung wird sie zu einem Endpunkt gebracht, wo sie wie im Feuer des Orgasmus zur Dunkelheit verglimmt. Nach rotem Zorn und roter Wut bricht die Dunkelheit der Verzweiflung und der Krise ein.

Rot als Abbruch in die dunkle Schwärze des Todes oder in die Läuterung des Purgatoriums, die aber auch ins Karmin oder sogar in den Purpur gesteigert werden kann. Ein Weg also durch die zinnoberrote Hölle in den gereinigten Purpur. Im Feuer haben wir den umgekehrten Prozess: Aus der schwarzen Kohle über die rote Glut zur orangegelben Flamme.

Im Orange beginnend, können wir zur gelben Erleuchtung gelangen oder im zinnoberroten Feuer verbrennen. Die rote Hexe verzaubert im Märchen Jorinde. Sie wird durch die rote Blume Joringels wieder erlöst. Parzival ist zuerst der Rote Ritter, bevor er zum weissen Gralskönig wird. Der Tod im vierelementigen Kreuz wird durch die roten Rosen zur vergeistigten Quintessenz gebracht.

Schwarz

Schwarz ist die Summe aller Farben in der subtraktiven Verdichtung oder die Negation des Hellen. Es saugt alles Lichthafte in sich auf wie in ein schwarzes Loch. Es ist das Bild unserer Urangst, der Verlorenheit im dunklen All, es ist aber zugleich auch Geborgenheit aller Flüchtenden. Es ist ein Nichts, etwas Starres, Totes, eine Leiche (Kandinsky), Es ist das «geistige Bild des Toten» (R. Steiner).

Schwarz ist die Farbe der Askese, des Intellekts, aber auch die des Schwermuts, der Hoffnungslosigkeit.

Schwarz ist die «Materia prima», der alles entstammt. Die schwarze Madonna ist Mutter aller Dinge. Die Sonne um Mitternacht schauen heisst durch die schwarze Erde hindurch die geistige Sonne erfahren.

Schwarz kann alle anderen Farben überdecken und verdunkeln, sie aber auch kräftiger leuchten lassen, wenn es daneben gesetzt wird.

Schwarz ist die magische Linie, die den malerischen

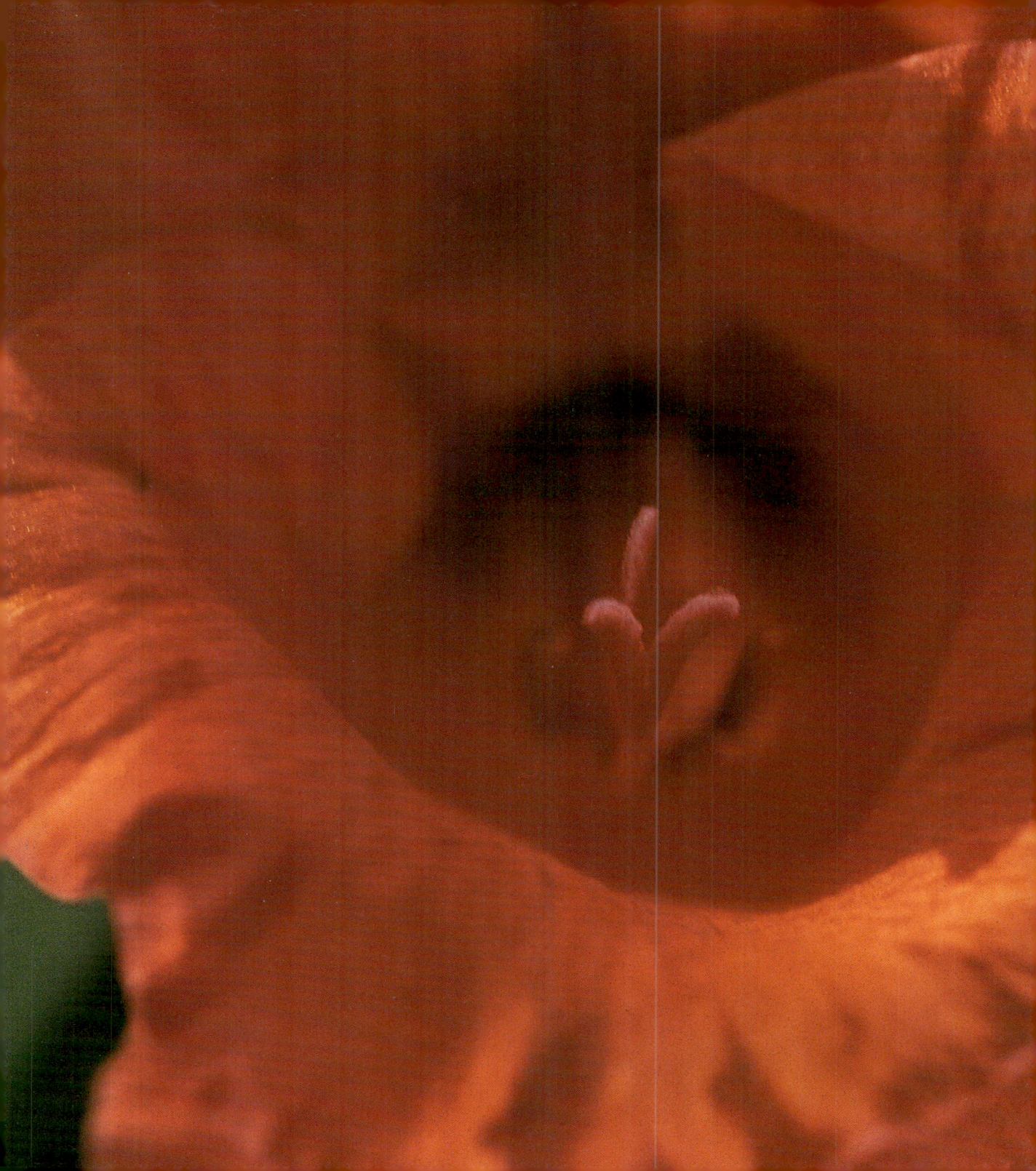

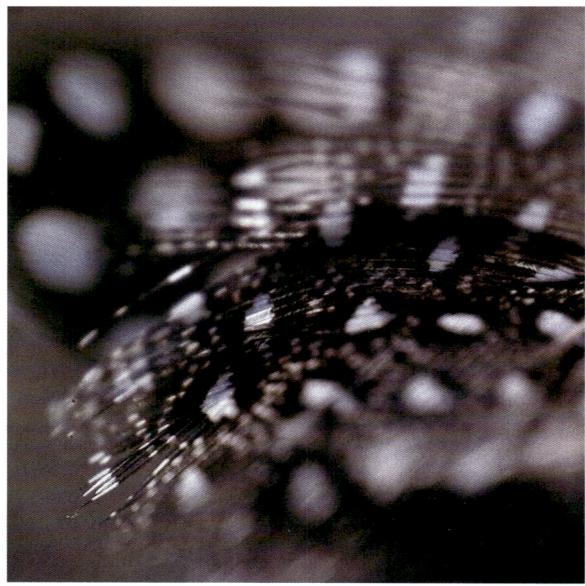

Motiven Eigenständigkeit, Individuation und Schicksal gibt (van Gogh, siehe Seite 80).

Schwarz ist eine Grenzfarbe, die erst im Nichts eines Lochs voll zur Geltung kommt. Sobald man Schwarz sieht, ist schon Licht, das heisst Weiss darauf zu erkennen.

Schwarz beruhigt die Augen, die ja in den Pupillen selbst dieses Dunkle in sich haben. Durch das Schwarz der Pupillen dringen wir in die Seele unseres Gegenübers ein. Im schwarzen Nichts ist auch das dunkle All(es).

Schwarz ist Höllentor, das böse Blicke wirft, aber zugleich auch das geistig Helle im Blick der Liebenden.

Im Schattigen haben wir bei Apostel Petrus das Heilende, das Leben Spendende; Maria wurde vom heiligen Geist überschattet, die Urgründe alles Farbigen (farbige Schatten). Wo viel Licht ist, ist auch viel Schatten. Erst der Schatten macht das Licht plastisch. Inmitten des Regenbogens ist der Schatten unseres Kopfes,

das heisst die Achse unseres dunklen Sehstrahls, der – wie beim Auge – umgeben ist von der hellsten Aura.

Das Schneewittchen ist weiss wie Schnee, rot wie Blut und schwarz wie Ebenholz.

Schwarz als Urchaos, als Urschlamm, aus dem wieder Neues entstehen kann.

Das «Schwarze Quadrat» von Kasimir Malewitsch aus den zwanziger Jahren dieses Jahrhunderts zeigt, dass alles bis zur «Prima Materia» reduziert werden muss, damit neue Prozesse in Gang gebracht werden können. Schwarz ist somit Urgrund der Schöpfung.

Urangst kann zum Urvertrauen werden, wenn das dunkle Böse, das Unsagbare, das vom Licht abgespaltene Schattige integriert werden kann. Van Gogh braucht das Schwarze als Sinnbild der Erde, des Himmels, des saturnisch Schicksalhaften, das Leid erfahren, aber auch begeistert die farbige Lichtwelt aufnehmen kann.

Erst das nächtliche Schwarz lässt die Sterne aufleuchten. Paul Celan charakterisiert das Schwarz so: «Schwärzer in Schwarz, bin ich nackter. Abtrünnig erst bin ich treu. Ich bin du, wenn ich ich bin.»

Die schwarze Kohle kann zum lichten Diamant werden. Der Ursprung des Lichts kommt aus dem Dunkeln.

Violett

Das Violett der Spektralfarben ist in vieler Hinsicht verblüffend: Aus der dunkelsten Farbe Indigo kommend, hellt es sich rötlich auf, als wollte es dem anderen Ende des Spektrums, nämlich dem Orangerot, etwas entgegengehen. Violett ist die erste Farbe, die aus der Dunkelheit kommt, und doch heller als das nachfolgende Indigo. Wie das Orangerot ist es eine Farbe am Rande zur Dunkelheit. Diese zwei relativ dunklen Mischfarben ergeben addiert das reine Purpur, das weder Blau noch Gelb in sich hat, Violett reinigt so das Orangerot vom Gelb. Violett gilt auch im Energetischen als Reinigungsfarbe.

Violett ist die höchste Farbe des Chakrenwegs. Als höchste Lichtschwingung, als Scheitelfarbe, integriert es das lebensvolle Orangerot mit dem weisheitsvollen Blau. Es hebt in meditativer Spiritualität die Gegensätze auf. Auf dem Scheitel des Kopfes in labilem Gleichgewicht hebt es die profane Welt der Dinge auf und transzendiert sie in die Versenkungsfarbe der Mystik.

Es ist die Traumfarbe, die Raum und Zeit überwindet, sich der materiellen Welt enthebt. Realitätsfremd, sich in Grübelei verwickelnd, elitär sich im «Besser sein als die andern» verlierend. Violett, von Goethe als «Schrecken eines Weltuntergangs», von Kandinsky als «Krankhaftes» beschrieben, kann erregend und hemmend wirken.

Violett gilt als androgyne Verschmelzungsfarbe, in der das Männliche und das Weibliche versucht, sich auf eine höhere Stufe der Menschlichkeit zu erheben. Christus erscheint violett, weil er in sich das Geschlechtliche als Hermaphrodit überwunden hat. «Christus ist gleichsam verheiratet in sich» (Chevalier).

Als apokalyptische Farbe charakterisiert es das Ende der Welt wie in den Spektralfarben, wo es sich in das unsichtbare Ultraviolett auflöst.

Violett ist Transformationsfarbe, ist die Farbe der Wiedergeburt. Als Scheitelfarbe führt es in die esoterische Welt des Verborgenen, des Okkulten. Und doch ist es paradoxerweise die unterste Farbe des Regenbogens.

Blau (Cyan)

Das Blau der blauen Blume ist das Motiv der Romantik, in der alles Innerlichkeit bekam. Blau ist eine Vertiefungsfarbe. Das Auge ruht sich im Blau aus, weil es in dieser Dunkelheitsfarbe kaum gereizt wird. Werte wie Wahrheit, Erkenntnis, Weisheit, Hingabe, Treue, Melancholie und Beständigkeit charakterisieren die Farbe des «Blauen Reiters». Die Farbe des Himmels und der Meere führt uns zum inneren Frieden, führt uns zu uns selbst.

Blau ist zugleich aber eine Du-Farbe. Sich in das blaue Dunkle des andern versenken heisst, sich mit dem Geheimnisvollen, nie Ausschöpfbaren innerlich zu verbinden. Selbst etwas verstummen, um dem andern zuhören zu können, das vermag die Farbe des Alls.

Blau ist den Sternen gleich – eine Ewigkeitsfarbe. So haben es die Bauleute der gotischen Kathedrale von Chartres in den blauen Glasfenstern nachempfunden.

Das leuchtende Blau ist eigentlich auch ein Para-

dox: Denn Blau ist nach Goethe ein «reizendes Nichts» und zugleich auch die Farbe des Alls. Nach Kandinsky ein ewig überirdischer Schwerpunkt der Farben, in den der Blick hineintaucht, ohne einem Hindernis zu begegnen und sich im Unendlichen zu verlieren (Chevalier). Es ist das Licht des Nirwanas, der Entgrenzung, eine Quintessenz, die alles auf einer höheren Stufe zusammenfasst.

Andererseits ist Blau auch die Farbe der Arbeitskleider, der Bluejeans, der Uniformen (Preussischblau), der Nüchternheit. Es ist zugleich leuchtend, aber eben auch Dunkelheitsfarbe. Es ist die Farbe des Unbewussten wie die der wachen Rationalität. Es macht Angst, gibt aber zugleich auch Sicherheit und Geborgenheit. Es gilt für die Fantasterei wie auch für Sachlichkeit. Es ist das Blau des Kerzenlichts, der Gasflamme, des aus der Dunkelheit kommenden Blitzes. Blau macht es möglich, dass Dunkelheit zu leuchten vermag. Blau ist das Sternenbanner Europas, unter dessen Flagge ein vereinigtes Europa zu gestalten wäre. Das eigentliche Blau nach wissenschaftlicher Definition, in dem kein Hauch von Gelb und Rot ist, heisst Cyan. Es ist ein helles reines Blau. Im Türkis geht es ins Grün über, im Indigo in das dunkelste Violett.

Blau wirkt ganz verschieden, ob als Lapislazuli der Ägypter, als Mosaikstein in Ravenna, als Indigo der Meere, als Ultramarin des Enzians oder einer Kornblume. Blau ist die Farbe des späten Mittelalters, es verdrängte den Goldhimmel, wurde glänzende Mariafarbe.

Weiss

Das Weiss ist der Endpunkt der aufgehellten Dunkelheit. Wenn das dunkle Himmelblau sich aufhellt, bis es die Weissung der Wolken erreicht, dann ist der Prozess der aufgelösten Dunkelheit erreicht.

Weiss ist die Summe und Abwesenheit aller Farben. Christus wird im Evangelium des Philippus Färber genannt. Christus nahm 72 Tücher unterschiedlicher Farben, warf sie in einen Kessel, und sie kamen alle weiss wieder heraus. Das Markusevangelium erzählt, wie Christus auf dem Berg der Verklärung weiss wie Schnee wurde. Die unbefleckte, lilienweisse Maria vereinigt in sich die weisse Isis wie die helle germanische Freya und all ihre Erscheinungen in den Weissen Frauen. Der Slowene Marko Pogačnik erkennt im schweizerischen Seeland die Landschaftsgöttin als «Weisse Frau» (siehe Seite 97).

Weiss ist die Farbe der Erleuchtung, die «Weissung» der Alchemisten, die Milchstrasse der Verstorbenen im Himmel.

Im Weiss haben wir nach Kandinsky das «grosse Schweigen», wie es uns eine tief verschneite, noch unberührte Schneelandschaft erleben lässt. Weiss ist das Licht der Initiierten, die das Ziel in der Erleuchtung des «Weissen Lotos» erreicht haben.

Grün

Das Grün offenbart sich uns im Chlorophyll der Pflanze. Es entsteht durch das Sonnenlicht. So wird die Pflanze zum Ort, wo sich Sonne und Erde, Hell und Dunkel treffen. Die Pflanze selbst wird so zum immer wieder erneuten Auferstehungswunder, ein Abbild, wie Simone Weil sagt, des Christus. Diese «nobilissima veriditas», also edelste Grünkraft, wie Hildegard von Bingen sie beschreibt, ist der Heilige Geist, die Herzkraft, die Christuskraft. Zur Vorbereitung der Auferstehung des Ostermorgens bedarf es der Vorbereitung am (grünen)

Die heiligste Farbe des Islams ist Grün, so auch ihre Fahne. Die sagenhafte «Tabula Smaragdina» und die «Grüne Schlange» J. W. Goethes sind Quellorte tiefster Geheimnisse.

Im Mittelalter war Grün auch die Minnefarbe, die Herzfarbe. In einem Spruch hiess es darum auch: «Mädle ruck, ruck, ruck – rücke an meine grüne [Herz-] Seite.» Grün als Farbe des Herzchakras zwischen dem untersten Orangerot und dem obersten Violett.

Grün als Farbe der beruhigenden, erfrischenden Wiese, als Ort, an dem man, wie Goethe sagt, verweilen kann. Grün ist nach Rudolf Steiner das Bild des Lebens.

Purpur

Purpur ist nach J. W. Goethe die höchste aller Farberscheinungen, da er die beiden Enden des Farbenspektrums verbindet. Es ist ein Rot, das weder Gelb- noch Blauanteil hat, allerdings auf dem labilen Gipfel des Farbkreises schnell ins Blaue (Violett) oder ins Gelbe (Orangerot) fallen kann.

Purpur ist Synthese oder Steigerung (Goethe) und kann auch als Verdoppelung des Reinen (pur-pur) verstanden werden.

Heimendahl nennt Purpur «das heile Zentrum» zwischen Violett und Orangerot. In unserer Zeit ist es ein notwendiger Prozess, aus den Teilen zum Ganzen zu kommen, wie es die Alchemie tatsächlich vermochte, aus der elementaren Vierheit (hier Gelb-Orangerot und Blau-Violett) zur Quintessenz, nämlich zum Purpur.

Aus dem Purpur strahlt sowohl huldvolle Würde des Alters wie Anmut und Liebenswürdigkeit der Jugend (Goethe), Purpur als bewegende Prozessfarbe zwischen Licht und Dunkelheit (R. Steiner). Purpur ist als «Pfirsichblüt» ein aufgehelltes «Inkarnat».

Palmsonntag und im Abendmahl am Gründonnerstag. So erschaut Maria Magdalena als Erste den auferstandenen Christus als Grünen, als Gärtner. So ist das Grün die Farbe des Gottessohnes, die Versöhnungsfarbe. Dies geschah auch schon im Alten Testament, als Gott nach der schrecklichen Sintflut den Regenbogen als Zeichen des Bundes zwischen Gott und den Menschen schuf. Erst das zentrale verbindende Grün zwischen lichtem Rot-Gelb und dunklem Violett-Blau macht den Regenbogen zu einem Ganzen.

Osiris, die zerstückelte und durch Isis wieder ganz gemachte Gottheit, war ein Grüner.

So wie Ferdinand Hodler seine sterbende Freundin im verwesenden, aber zugleich wieder auferstehenden Grün malt, so ist das Kreuz Christi auch als grüner Lebensbaum dargestellt.

Die Geistigkeit der Natur wurde immer wieder als Grün empfunden wie etwa bei den Kelten und den Arabern.